Schaum's Foreign Language

Communicating
in
French

Novice/Elementary Level

Conrad J. Schmitt

McGraw-Hill, Inc.

New York   St. Louis   San Francisco   Auckland   Bogotá
Caracas   Hamburg   Lisbon   London   Madrid   Mexico   Milan
Montreal   New Delhi   Paris   San Juan   São Paulo
Singapore   Sydney   Tokyo   Toronto

Sponsoring Editors: John Aliano, Meg Tobin
Production Supervisor: Denise Puryear
Editing Supervisors: Patty Andrews, Maureen Walker

Text Design and Composition: Literary Graphics
Cover Design: Merlin Communications and Amy E. Becker
Illustrations: Caliber, a division of Phoenix Color Corporation
Printer and Binder: R.R. Donnelley and Sons Company

Cover photographs courtesy of the French Government Tourist Office

Communicating in French Novice/Elementary Level

5 6 7 8 9 0 **DOC/DOC** 9 0 9 8 7

ISBN 0-07-056645-3

Library of Congress Cataloging-in-Publication Data
Schmitt, Conrad J.
    Communicating in French. Novice/elementary level / Conrad J. Schmitt.
        p.   cm. — (Schaum's foreign language series)
    ISBN 0-07-056645-3
    l. French language — Conversation and phrase books — English.
    I. Title.   II. Series.
PC2129.E5S343 1991
448.2'421--dc20   90-5581
                                                                                     CIP

This book is printed on acid-free paper.

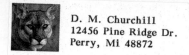
About the Author

Conrad J. Schmitt

Mr. Schmitt was Editor-in-Chief of Foreign Language, ESL, and bilingual publishing with McGraw-Hill Book Company. Prior to joining McGraw-Hill, Mr. Schmitt taught languages at all levels of instruction, from elementary school through college. He has taught Spanish at Montclair State College, Upper Montclair, New Jersey; French at Upsala College, East Orange, New Jersey; and Methods of Teaching a Foreign Language at the Graduate School of Education, Rutgers University, New Brunswick, New Jersey. He also served as Coordinator of Foreign Languages for the Hackensack, New Jersey Public Schools. Mr. Schmitt is the author of *Schaum's Outline of Spanish Grammar, Schaum's Outline of Spanish Vocabulary, Español: Comencemos, Español: Sigamos,* and the *Let's Speak Spanish* and *A Cada Paso* series. He is the coauthor of *Español: A Descubrirlo, Español: A Sentirlo, La Fuente Hispana,* the McGraw-Hill Spanish: *Saludos, Amistades, Perspectivas, Le Français: Commençons, Le Français: Continuons,* the McGraw-Hill French: *Rencontres, Connaissances, Illuminations, Schaum's Outline of Italian Grammar, Schaum's Outline of Italian Vocabulary,* and *Schaum's Outline of German Vocabulary.* Mr. Schmitt has traveled extensively throughout France, Martinique, Guadeloupe, Haiti, North Africa, Spain, Mexico, the Caribbean, Central America, and South America. He presently devotes his full time to writing, lecturing, and teaching.

l'hôtel de ville - city hall

c'est ça = that's right
(say sa)

VERBS

ALLER = to go
(AZAY)

JE VAIS = I go

VOUS ALLEZ = you're going

AVOIR = to have

J'AI = I have

VOUS AVEZ = you have or
AVEZ VOUS ? = do you have

ÉCRIRE = to write

J'ÉCRIS = I write
(jay creein)

ÊNTRE = to be
JE SUIS = I am

Preface

To the Student

The purpose of the series *Communicating in French* is to provide the learner with the language needed to survive in situations in which French must be used. The major focus of the series is to give the learner essential vocabulary needed to communicate in everyday life. The type of vocabulary found in this series is frequently not presented in basal textbooks. For this reason, many students of French are reduced to silence when they attempt to use the language to meet their everyday needs. The objective of this series is to overcome this frustrating problem and to enable the learner to express himself or herself in practical situations.

The series consists of three books, which take the learner from a novice or elementary level of proficiency to an advanced level. The first book in the series presents the vocabulary needed to survive at an elementary level of proficiency and is intended for the student who has not had a great deal of exposure to the French language. The second book takes each communicative topic and provides the student with the tools needed to communicate at an intermediate level of proficiency. The third book is intended for the student who has a good basic command of the language but needs the specific vocabulary to communicate at a high intermediate or advanced level of proficiency. Let us take the communicative topic "speaking on the telephone" as an example of the way the vocabulary is sequenced in the series. The first book enables the novice learner to make a telephone call and leave a message. The second book expands on this and gives the learner the tools needed to place different types of calls. The third book provides the vocabulary necessary to explain the various problems one encounters while telephoning and also enables the speaker to get the necessary assistance to rectify the problems.

Since each chapter focuses on a real-life situation, the answers to most exercises and activities are open-ended. The learner should feel free to respond to any exercise based on his or her personal situation. When doing the exercises, one should not focus on grammatical accuracy. The possibility of making an error should not inhibit the learner from responding in a way that is, in fact, comprehensible to any native speaker of the language. If a person wishes to perfect his or her knowledge of grammar or structure, he or she should consult *Schaum's Outline of French Grammar, 3/ed*.

In case the student wishes to use this series as a reference tool, an Appendix appears at the end of each book. The Appendix contains an English-French vocabulary list that relates to each communicative topic presented in the book. These topical lists are cumulative. The list in the third book contains all the words in the first, second, and third books that are related to the topic.

In each lesson, the section entitled **Situations** sets up hypothetical situations the learner may encounter while attempting to survive in a French-speaking milieu. In carrying out the instructions in these activities, the student should react using any French he or she knows. Again, the student should not be inhibited by fear of making an error.

The section entitled **Coup d'œil sur la vie** gives the learner the opportunity to see and read realia and articles that come from all areas of the French-speaking world. The intent of this section is to give the learner exposure to the types of material that one must read on a daily basis. It is hoped that the learner will build up the confidence to take an educated guess at what "real things" are all about without necessarily understanding every word. Communicating in the real world very often involves getting the main idea rather than comprehending every word.

To the Instructor

The series *Communicating in French* can be used as a self-instruction tool or as a supplement to any basal text. The first book is intended for novice to low intermediate speakers according to the ACTFL Guidelines. The second book provides the type of vocabulary needed to progress from a low to high intermediate level of proficiency, and the third book, from the high intermediate to the advanced level.

The series is developed to give students the lexicon they need to communicate their needs in real-life situations. It is recommended that students be permitted to respond to the exercises and activities freely without undue emphasis on syntactical accuracy.

Accompanying Cassette

The first and second books in this series can be purchased separately or with an audio cassette. All vocabulary items are recorded on the cassette to provide students with a pronunciation model. A pause for student repetition is provided. In addition to the vocabulary items, the conversations are recorded to provide students with the opportunity to improve their listening comprehension skills.

To order a book with its accompanying cassette, please specify ISBN 0-07-0911018-5 for the elementary level package and ISBN 0-07-0911019-3 for the intermediate level package. For the latest prices, please call McGraw-Hill's customer relations department at 1-800-338-3987.

Conrad J. Schmitt

Contents

Getting Started

Chapitre 1
Les salutations

Vocabulaire

When you greet someone, you would use the following expressions, depending upon the time of day:

Morning and afternoon	**Bonjour.**
Late evening	**Bonsoir.**
Before retiring	**Bonne nuit.**

In French, it is necessary to use the title with the greeting:

Bonjour, Monsieur.
Bonjour, Madame.
Bonjour, Mademoiselle.

Exercice 1   Do the following.

1. Say "Hello" to someone in French.
2. Say "Good evening" to someone.
3. Say "Good night" to someone.

A less formal greeting that is used very frequently among young French-speaking people is:

Salut!

Exercice 2   Do the following.

  1. Say "Hi" to someone in French.

In French, as in English, it is common and polite to ask someone how he or she is as a part of the greeting. In a formal situation, you would ask:

Comment allez-vous?

The response would be:

(Je vais) très bien, merci. Et vous?

In a less formal situation, you would ask:

Ça va?

The answer in a less formal exchange could be any of the following:

Ça va, merci.
Bien, merci.
Pas mal.   *not bad*

Exercice 3   Respond to the following.

  1. Bonjour.
  2. Comment allez-vous?
  3. Salut!
  4. Ça va?
  5. Bonsoir, Monsieur.

Communication

  —Bonjour, Monsieur.
  —Bonjour, Madame. Comment allez-vous?
  —Très bien, merci. Et vous?
  —Très bien, merci.

A less formal version of the preceding conversation would be:

—Salut, Pierre.
—Salut, Claude. Ça va?
—Ça va bien, et toi?
—Pas mal, merci. *not bad, thanks*

SITUATIONS

Activité 1

You are walking down a street in Nîmes in southern France.
1. It is 11:00 A.M. and you run into someone whom you know only casually. Greet the person.
2. Ask her how she is.
3. She asks you how you are. Respond.

Activité 2

You are walking down the street in Boulogne-sur-Mer.
1. It is 8:30 P.M. and you run into someone whom you know quite well. Greet him.
2. Ask him how he is.
3. He asks you how you are. Respond.

Chapitre 2

On prend congé
leave taking

Vocabulaire

A very common expression to use when taking leave of someone is:

Au revoir! *Can be used to anyone*

If someone were to say **Au revoir!** to you, you would respond with the same expression:

Au revoir!

Expressions that convey the idea that you will be seeing one another again in the next couple of days are:

A bientôt. *See you soon*
A demain. *until tomorrow*

Expressions that mean you will probably be seeing one another again within the same day are:

A tout à l'heure! *see right away*
A plus tard! *later*

An informal expression that means you will be seeing one another again at a somewhat indefinite time in the future is:

A la prochaine.

Another popular informal expression of farewell used among young people is actually an Italian word:

Ciao! *met. know person very well.*
So long
The response to **Ciao!** would be another **Ciao!**

Exercice 1 Respond to the following.

1. Au revoir.
2. A bientôt.
3. A demain.
4. A tout à l'heure.
5. A la prochaine.
6. Ciao!

Communication

—Bonjour, Monsieur.
—Bonjour, Madame. Comment allez-vous?
—Je vais très bien, merci. Et vous?
—Très bien, merci.
—Au revoir, Monsieur.
—Au revoir, Madame.

A less formal version of the preceding encounter would be:

—Salut, Pierre.
—Salut, Odette. Ça va?
—Ça va bien. Et toi?
—Pas mal, merci.
—Ciao, Pierre.
—Ciao, Odette. A bientôt!

Exercice 2 With a colleague, carry on a short conversation that includes greetings and farewells.

SITUATIONS

Activité 1

You are walking down a street in Fort-de-France, Martinique.
1. You are taking leave of an acquaintance. Say "Good bye" to her.
2. You are taking leave of a person you know quite well. Say "So long" to him.
3. You know that you will be seeing one another again within the next couple of days. Say something to that effect.
4. You will be seeing one another again that afternoon. Say something to that effect.

Chapitre 3

La politesse

Vocabulaire

No matter what language you speak, it is important to be polite. "Please," "Thank you," and "You're welcome" are expressions that are always appreciated. The French equivalents for these courteous expressions are:

Merci beaucoup   *thanks a lot*

S'il vous plaît. *please*
Merci. *(bien) thank you (well)*
Je vous en prie. *you're welcome*

Less formal expressions that you can use in place of **Je vous en prie** are:

Ce n'est rien.
Je t'en prie.
(Il n'y a) pas de quoi.

A very informal expression that is frequently heard is:

De rien.

Communication

Au café

—Un sandwich, s'il vous plaît.
   (*It arrives.*)
—Merci.
—Je vous en prie.

Exercice 1   Order the following things. Be polite when you give the waiter your order.

1. un sandwich
2. un coca
3. un thé
4. un café
5. une limonade

Exercice 2   What would you say?

1. The waiter just served you what you ordered.
2. Someone praised your work.
3. Someone said "Thank you" to you.

Vocabulaire

If you are in a situation in which you want to excuse yourself because you want to get through or pass someone, or because you think you did some minor thing wrong, you would say:

Excusez-moi.   *Excuse me*
Pardon.

Another commonly used expression that is sometimes considered a little less formal is:

Je m'excuse.

If you want to excuse yourself because you think you committed a somewhat serious faux pas, you would say:

Excusez-moi, Monsieur. Je suis désolé(e).
               I am sorry

If another person should request your pardon, you could politely respond:

Ce n'est rien.
Ce n'est pas grave.
Il n'y a pas de mal.

Exercice 3   What would you say?

1. You want to get by a group of people.
2. You think you bumped into someone accidentally.

SITUATIONS

Activité 1

You are at a little café in the town of Allevard-les-Bains in the Alps.

1. The waiter comes over. Order a sandwich. Be polite.
2. The waiter serves you the sandwich. Thank him.
3. The waiter brings you the check. Thank him.
4. You pay the check and he thanks you. Respond to his thanks.
5. You are leaving the café and you want to get by some people who are standing at the entrance. Excuse yourself.
6. As you were passing, you think you bumped into someone. Excuse yourself.

Chapitre 4

Votre nom
Your name

Vocabulaire

If you want to find out someone's name, you would ask:

Comment vous appelez-vous?

And if the person should ask you the same question, you would answer with simply your name or:

Je m'appelle *(your name).*

Communication

—Comment vous appelez-vous?
—Je m'appelle Anette. Anette Brown.
   Et vous, comment vous appelez-vous?
—Je m'appelle Christian. Christian Valois.

Exercice 1   Answer.

1. Comment vous appelez-vous?

Comment ça s'écrit? How do you spell that? (handwritten)

Vocabulaire

Since you have just met the person whose name you asked, other formalities are in order. You want to let the individual know that you are pleased to meet him or her, so you would say:

Delighted to meet you (handwritten)

(Je suis) enchanté(e) de vous connaître.
(Je suis) enchanté(e) de faire votre connaissance.

to make your acquaintance (handwritten)

In less formal situations, you would merely respond with:

Bonjour!
Salut!

moi aussi   me, too (handwritten)

Communication

—Bonjour.
—Bonjour.
—Comment vous appelez-vous?
—Je m'appelle Anette. Anette Brown. Et vous, comment vous appelez-vous?
—Je m'appelle Christian. Christian Valois. →LWA (handwritten)
—Enchantée de vous connaître, Christian.
—Moi de même. Je suis enchanté de faire votre connaissance.
me too (handwritten)

Exercice 2   Respond to the following.

1. Comment vous appelez-vous?
2. Enchanté de faire votre connaissance.

SITUATIONS

Activité 1

You are in Aix-en-Provence, where you are studying at the University of Aix for the summer. You are speaking with another student, who is French.

1. Greet her.
2. Ask her her name.
3. She responds. Let her know that you are pleased to meet her.
4. She asks you your name. Respond.

(Pronunciation guide, handwritten, right margin:)
a — ă
b — bay
c — cay
d — day
e — ĕ
f
g — zhay
h — ă
i — ē
j — gzhe
k — kă
l
m
n
o
p — pĕ
q
r — air
s
t — tĕ
u
v — vĕ
w — duble v
x — eeks
y — ĕklec
z — zĕd

Chapitre 5

Votre nationalité

Vocabulaire

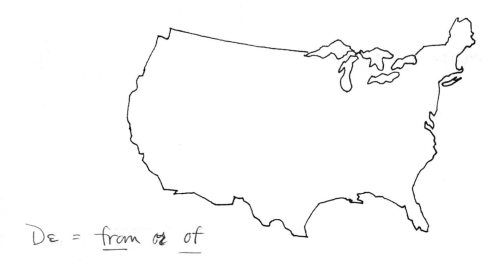

De = from *or* of

When people in a foreign country meet you for the first time, very often they want to know where you are from. They will ask:

D'où êtes-vous? *or* **Vous êtes d'où?**

Du VENE VOUS
where do you come from

You would respond:

I am from ____

Je suis de Chicago.
Je suis américain(e).

I am american

NOTE **Je suis de** in French is always followed by the city or town. If you wish to tell the country or state, you would say:

Je viens des États-Unis.

I come from US

ag taz oo nee

→ *des because plural = US.*

Exercice 1   Answer.

1. Comment vous appelez-vous?
2. D'où êtes-vous?

Communication

—Vous êtes d'où, Anette?
—(Je viens) des Etats-Unis.
—Ah, vous êtes américaine?
—Oui , je suis américaine. Je suis de *(your city)*.

—Vous êtes d'où, Robert?
—(Je suis) de Los Angeles.
—Ah, vous êtes américain.
—Oui, je suis américain.

Exercice 2   Answer the following questions.

1. Comment vous appelez-vous?
2. Vous êtes d'où?
3. Vous êtes américain(e)?
4. Vous venez de quel état?
5. Et vous êtes de quelle ville?

Vocabulaire

When you first meet foreigners, the conversation usually turns to language. The person will probably want to know if you speak French. The person will ask:

Vous parlez français?

And you would respond:

> **Oui, je parle français.**
> **Oui, un peu.**
> **Non, pas beaucoup.** _no not alot_

You will probably want to know if the person speaks English, so you ask:

> **Vous parlez anglais?**

Exercice 3   Answer the following questions.

1. Vous parlez français?
2. Vous parlez bien ou un petit peu?
3. Vous parlez anglais?

Exercice 4   Respond to the following.

1. Bonjour.
2. Comment allez-vous?
3. Comment vous appelez-vous?
4. D'où êtes-vous?
5. Vous êtes de quelle nationalité?
6. Vous parlez français?
7. Vous parlez bien ou un petit peu?
8. Vous parlez anglais?
9. Vous venez de quel état?
10. Et vous êtes de quelle ville?

Communication

ÉTRANGER	Bonjour.
VOUS	Bonjour.
ÉTRANGER	Comment vous appelez-vous?
VOUS	Je m'appelle *(your name)*. Et vous?
ÉTRANGER	Je m'appelle Christian.
VOUS	Enchanté(e) de vous connaître, Christian.
CHRISTIAN	Moi de même. C'est un plaisir. Vous êtes d'où, *(your name)*?
VOUS	Je suis de New York.
CHRISTIAN	Ah, vous êtes américain(e).
VOUS	Oui, je suis américain(e).
CHRISTIAN	Vous parlez français?
VOUS	Oui, je parle un peu. Pas beaucoup. Et vous, Christian, vous parlez anglais?

SITUATIONS

Activité 1

You are in Abidjan, in Côte d'Ivoire. You are seated in a restaurant. Another diner starts to chat with you.
 1. He asks you your name. Respond.
 2. He asks you where you are from. Respond.
 3. Tell him what city you are from.
 4. He wants to know if you speak French. Respond.

Activité 2

You find the person in the restaurant in Abidjan pleasant, and you would like to continue the conversation with him.
 1. Ask him his name.
 2. Tell him you are pleased to meet him.
 3. Ask him where he is from.
 4. Ask him if he speaks English.

Chapitre 6

Les numéros

Vocabulaire

Do not try to learn all the numbers at once. Learn a few at a time and practice them frequently.

1	un	11	onze
2	deux	12	douze
3	trois	13	treize
4	quatre *cat*	14	quatorze
5	cinq	15	quinze
6	six	16	seize
7	sept	17	dix-sept
8	huit	18	dix-huit
9	neuf	19	dix-neuf
10	dix	20	vingt *(van)*

un peu plus lentement svp. please speak more slowly.
a little more slowly

Exercice 1   Give the following numbers in French.

1. 12
2. 4
3. 16

4. 19
5. 7

Read the following numbers between 21 and 100:

21	vingt et un	30	trente
22	vingt-deux	40	quarante
23	vingt-trois	50	cinquante
24	vingt-quatre	60	soixante
25	vingt-cinq	70	soixante-dix
26	vingt-six	80	quatre-vingts
27	vingt-sept	90	quatre-vingt-dix
28	vingt-huit	100	cent
29	vingt-neuf		

Exercice 2   Read the following prices.

1. 40 francs français
2. 25 francs suisses
3. 80 francs belges
4. 76 francs antillais
5. 99 dinars tunisiens

Exercice 3   Give the following telephone numbers. Use the model as a guide.

MODELE   291-23-80
deux-neuf-un - vingt-trois - quatre-vingts

1. 764-30-11
2. 897-41-50
3. 841-76-93
4. 763-26-14

Note the formation of numbers greater than 200:

200	deux cents	213	deux cent treize
300	trois cents	350	trois cent cinquante
400	quatre cents	459	quatre cent cinquante-neuf
500	cinq cents	570	cinq cent soixante-dix
600	six cents	679	six cent soixante-dix-neuf
700	sept cents	785	sept cent quatre-vingt-cinq
800	huit cents	891	huit cent quatre-vingt-onze
900	neuf cents	999	neuf cent quatre-vingt-dix-neuf
1000	mille	1008	mille huit
2000	deux mille	2500	deux mille cinq cents

Exercice 4   Read the following prices.

1. 410 francs français
2. 1.250 dinars tunisiens
3. 792 francs belges
4. 558 francs antillais
5. 2.999 francs suisses

Exercice 5   Read the following important dates.

1. 1492   la découverte du Nouveau Monde (d'Amérique)
2. 1776   l'indépendence des Etats-Unis
3. 1789   la révolution française
4. 1939   la France entre dans la deuxième grande guerre

Chapitre 7

Le prix   *The price*

Vocabulaire

If you want to know how much something costs, you would ask: *(say)*

C'est combien?

You may wish to be more polite and add **s'il vous plaît:**

C'est combien, s'il vous plaît?

If you have received or purchased several items, you may ask:

Ça fait combien, s'il vous plaît?

Exercice 1   Ask how much the following items are.

1. le coca
2. le sandwich au jambon
3. la limonade
4. le thé
5. le café
6. un sandwich au saucisson, un café et un dessert

I would like
je voudrais

Communication

SERVEUR	Madame?
VOUS	Un coca, s'il vous plaît.
SERVEUR	Oui, Madame.
	(He serves.)
VOUS	Merci.
SERVEUR	Je vous en prie.
VOUS	C'est combien le coca, s'il vous plaît?
SERVEUR	Quatorze francs.

SITUATIONS

Activité 1

You are in a lovely outdoor café in the chic resort of Saint-Tropez.
  1. The waiter comes to your table. Order a lemonade.
  2. The waiter brings you the lemonade. Say something to him.
  3. Ask the waiter how much it is.

EN SOLDE = ON Sale

Chapitre 8

L'heure

Vocabulaire

If you want to know the time, you could ask either of the following two questions:

Quelle heure est-il?
Pardon, vous avez l'heure, s'il vous plaît?

Exercice 1 Do the following.

1. Ask someone the time.

1:00	Il est une heure.	1:30	Il est une heure et demie. *(half)*
2:00	Il est deux heures.	2:15	Il est deux heures et quart.
3:00	Il est trois heures.	3:05	Il est trois heures cinq.
4:00	Il est quatre heures.	4:10	Il est quatre heures dix.
5:00	Il est cinq heures.	5:20	Il est cinq heures vingt.
6:00	Il est six heures.	6:25	Il est six heures vingt-cinq.
7:00	Il est sept heures.	6:45	Il est sept heures moins le quart.
8:00	Il est huit heures.	7:55	Il est huit heures moins cinq.
9:00	Il est neuf heures.	8:50	Il est neuf heures moins dix.
10:00	Il est dix heures.	9:40	Il est dix heures moins vingt.
11:00	Il est onze heures.	11:25	Il est onze heures vingt-cinq.
12:00	Il est douze heures.	12:00	Il est exactement douze heures.
	Il est midi. *too noon*		
	Il est minuit. *midnight*		

NOTE   In France the twenty-four-hour clock is used.

2:00 P.M.	1400	Il est quatorze heures.	*Train Schedules use*
4:20 P.M.		Il est seize heures vingt.	
11:20 P.M.		Il est vingt-trois heures vingt.	

Exercice 2   Give the following times.

1. 1:00
2. 4:00
3. 5:30
4. 6:15
5. 6:45
6. 8:10
7. 8:50
8. 11:04

If you want to know at what time something takes place, you would ask:

C'est à quelle heure *(name the event)?*

Exercice 3   Ask at what time the following events take place.

1. le concert
2. le cours de français
3. l'exposition d'art moderne
4. le spectacle
5. le film

SITUATIONS

Activité 1

You are walking down the street in Paris. You want to know the time.
1. Stop someone and excuse yourself.
2. Ask the person if she has the time.
3. The person said it is ten to two. Repeat the time.
4. Thank the person.

Bon 'Bow' = good

Chapitre 9

OOO   AY

Où est . . . ?

Where is.

Vocabulaire

In a foreign country when you do not know your way, you have to inquire where something is. You would ask:

Où est l'hôtel?

Exercice 1   Ask where the following places are.

1. l'hôtel
2. la banque
3. l'hôpital
4. la pharmacie
5. le théâtre
6. le boulevard Saint-Michel (le Boul' Mich)
7. le parc
8. le restaurant Chez Pauline
9. le café Flore
10. le cinéma
11. la cathédrale
12. l'université

Communication

> —Pardon.
> —Oui, Monsieur.
> —Où est l'hôtel Meurice, s'il vous plaît?

Vocabulaire

A very important question for you to be able to ask someone is where the restroom is. For public facilities the most common expression is:

Pardon, Monsieur (Madame), où sont les toilettes, s'il vous plaît?

where are

SITUATIONS

Activité 1

You are walking down a street in Lyon. You stop someone.
1. Excuse yourself.
2. Ask the woman where the pharmacy is.
3. Thank her.

Activité 2

You are in a restaurant in Grenoble and you need to use the facilities. Ask someone where they are.

Chapitre 10

La date

Vocabulaire

Les jours
the day

dimanche   lundi   mardi   mercredi   jeudi   vendredi   samedi

C'est aujourd'hui lundi. *Today*

Nous sommes lundi, le vingt-huit.

Demain c'est mardi. *tomorrow*

Hier c'était dimanche.
Yesterday   was

Exercice 1   Answer.

1. Quel jour est-ce aujourd'hui?
2. Et demain?
3. Et hier? C'était quel jour?

Les mois de l'année

The months of the year

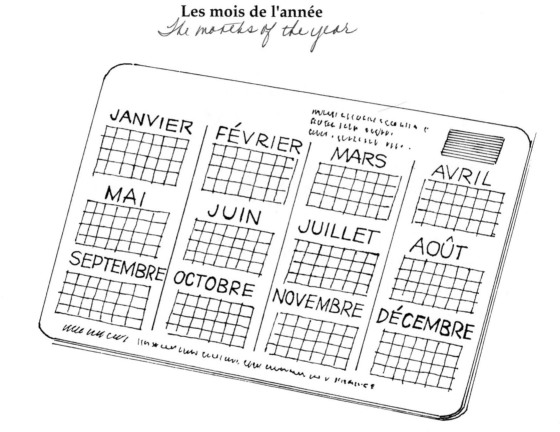

janvier   février   mars   avril   mai   juin   juillet   août

septembre   octobre   novembre   décembre

Les saisons

The seasons

winter **l'hiver**   décembre, janvier, février
spring **le printemps**   mars, avril, mai
summer **l'été**   juin, juillet, août
fall **l'automne**   septembre, octobre, novembre

Exercice 2 Tell the months when you have the following.

I have
1. J'ai classes.
2. Je suis en vacances.

I am

Je vais
I go

Exercice 3 Tell the months.

1. les mois d'été
2. les mois d'automne
3. les mois du printemps
4. les mois d'hiver

Exercice 4 Give the season the month falls in.

1. janvier
2. août
3. mai
4. novembre

La date

Watch out!

C'est aujourd'hui le premier avril. Attention!
C'est le quatre (le quatorze) juillet.
C'est le cinq mai.
C'est le vingt-cinq décembre.

Exercice 5 Give the following information.

1. la date d'aujourd'hui
2. la date de demain
3. la date de votre naissance *(birth)*

Communicative
Topics

réserver par téléphone – to book by phone

Le téléphone

Vocabulaire

(*payée*)
de pays → *country code*

l'indicatif régional

le numéro (de téléphone)

l'annuaire (du téléphone)

718 • 521-0501

le téléphone public

le téléphone privé

le poste

to call by telephone
appeler par téléphone (téléphoner,
donner un coup de téléphone [fil])
give a phone call

Vous avez   un appeler –
you have   'a call'

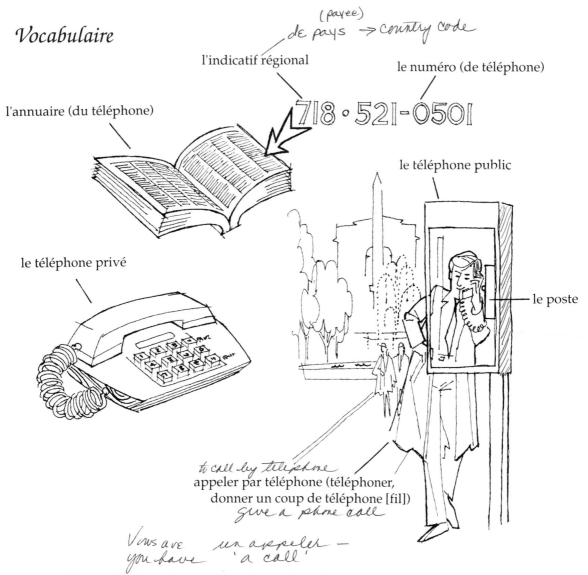

NOTE The French equivalent for the English expression "telephone booth"
is **la cabine téléphonique.**

Exercice 1   Answer the questions based on the illustrations.

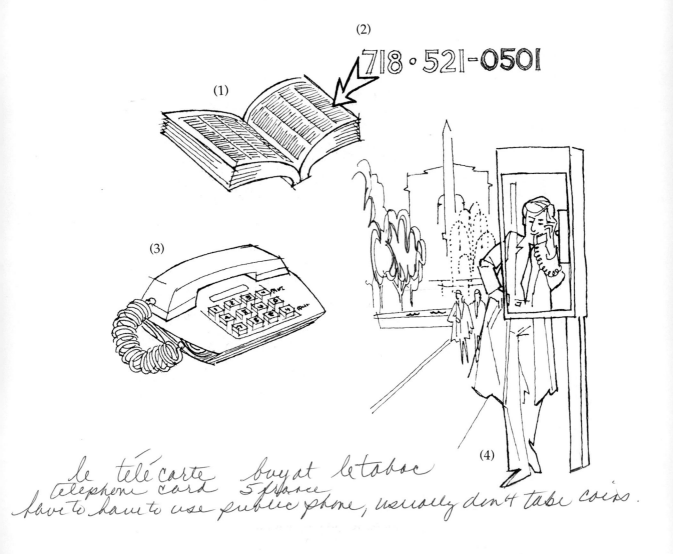

le télé carte   buy at le tabac
téléphone card   5 france
have to have to use public phone, usually don't take coins.

1. C'est l'annuaire ou la cabine?
2. C'est le número de téléphone ou l'indicatif régional?
3. C'est un téléphone public ou un téléphone privé?
4. Monsieur fait un appel téléphonique ou il envoit un télégramme?

Exercice 2 Complete the statements with the correct expressions.

[handwritten: I don't have]
1. Je n'ai pas le número de téléphone. Je vais le chercher dans _____ *[handwritten: l'annuaire]*
2. Yvette Caso: son _____ *[handwritten: numero]* de téléphone, c'est le 42-75-28-11.
3. Je veux parler à Yvette. Je vais lui donner _____ *[handwritten: un appel]*
4. Je n'ai pas de téléphone. Je vais lui téléphoner d'un _____ *[handwritten: téléphone public]*
[handwritten: I don't have] *[handwritten: from]*

Communication

Un coup de fil
[handwritten: Give a call]

FEMME	Allô. *[handwritten: is he there]*
VOUS	Allô. M. Caso, il est là, s'il vous plaît?
FEMME	*De la part de qui?* *[handwritten: Who's calling?]*
VOUS	De la part de *(your name)*. *[handwritten: don't hang up]*
FEMME	Un moment, s'il vous plaît. Ne *quittez* pas.
	Je vous le passe. *[handwritten: I'll get him for you.]*

Who's calling?

hang up

Exercice 3 Do the following.

1. You are making a telephone call to a Miss Catherine Lapointe. Someone else answers the phone. Ask if Catherine is there.
2. The person asks **De la part de qui?** Respond.
3. The situation is reversed. You are accepting a call. Answer the phone.
4. The call is not for you. Ask who is calling.
5. Tell the person to hold for a moment. You will get the person he wants.

SITUATIONS

Activité 1

You are in France and you want to make a telephone call, but you do not know the person's telephone number. Ask someone where a telephone book is.

Activité 2

You are on the Avenue de l'Opéra in Paris and you want to phone someone. Ask someone where there is a telephone booth or a public telephone.

Chapitre 12

Le bureau de poste

Vocabulaire

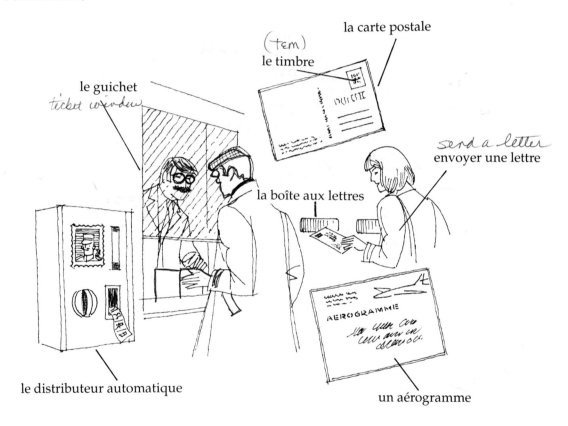

la carte postale

(tem)
le timbre

le guichet
ticket window

send a letter
envoyer une lettre

la boîte aux lettres

le distributeur automatique

un aérogramme

AÉROGRAMME

The following are statements you may need to understand:

Quel est l'affranchissement? *What is the right postage*   postage
Il faut affranchir la lettre. *You must put postage on letter.*
La lettre est affranchie à trois francs.

But to ask about the postage, you would merely say:

C'est combien une carte postale pour les Etats-Unis?

Exercice 1   Answer the questions based on the illustration.

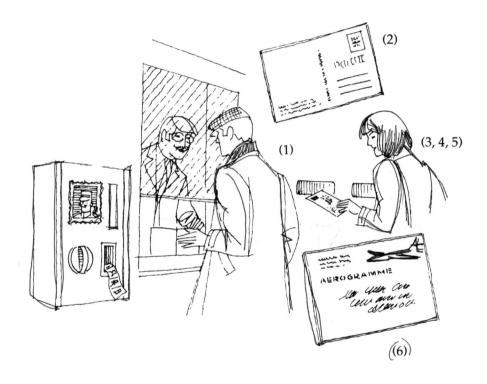

1. Monsieur est au guichet à la poste ou à la gare?
2. C'est une lettre ou une carte postale?
3. La femme envoit une lettre ou une carte postale?
4. Elle envoit la lettre ou elle reçoit la lettre?
5. La femme met la lettre dans le guichet ou dans la boîte (aux lettres)?
6. C'est une carte postale ou un aérogramme?

Exercice 2   Answer the questions with one or more words.

1. Quel est l'affranchissement d'une lettre à l'intérieur des Etats-Unis?
2. Aux Etats-Unis, il y a des timbres de vingt-neuf centimes?
3. Une carte postale est affranchie à combien?
4. On peut acheter des timbres dans des distributeurs automatiques?

Communication

A la poste

VOUS	C'est combien une carte postale pour les Etats-Unis?
EMPLOYE	Un franc cinquante.
VOUS	Alors dix timbres à un franc cinquante, s'il vous plaît.
EMPLOYE	Voilà. Ça fait quinze francs.
VOUS	Et où est la boîte aux lettres, s'il vous plaît?
EMPLOYE	*Dehors. A gauche* de l'entrée. *Outside/To the left*

Exercice 3   Pretend you are the person in the preceding conversation. Answer the questions.

1. Vous allez au bureau de poste ou au bureau de change?
2. Vous achetez les timbres au guichet du bureau de poste ou dans un distributeur automatique?
3. Vous envoyez des lettres ou des cartes postales?
4. Vous mettez les lettres dans le distributeur ou dans la boîte (aux lettres)?

Exercice 4   Complete the statements based on the preceding conversation.

1. Une carte postale aux Etats-Unis est affranchie à _____ .
2. Je veux envoyer dix cartes. Alors il me faut acheter dix _timbres_
3. L'affranchissement pour _li timbre_ une carte postale de la France aux Etats-Unis est un franc cinquante.

SITUATIONS

Activité 1

You are on a street in Bordeaux and you want to mail something home. Ask someone where the post office is.

Activité 2

You are in the post office in Rennes. You want to send some postcards to your friends back home.

1. You want to know how much the postage is. Ask the postal clerk.
2. He wants to know if you are going to mail letters, aerogrammes, or postcards. Tell him.
3. You need three stamps. Tell him.

Activité 3

You are walking down a street in Dieppe. You are looking for a mailbox. Stop someone and ask where one is.

COUP D'ŒIL SUR LA VIE

Activité 1

Read the following information, which appeared in a French guidebook for the United States.

L'US Postal Service est un service public. Les bureaux de poste sont ouverts de 8 h à 17 h du lundi au vendredi, et le samedi matin, pour les affranchissements, envois de lettres et de paquets. La poste centrale des grandes villes comme New York est ouverte en permanence. Les boîtes aux lettres sont bleues et portent l'inscription *US Mail*. On peut également se procurer des timbres dans les distributeurs automatiques des hôtels, drugstores, gares et aéroports.

Carry out the following based on the information you just read.

1. Tell a French friend what the post office hours are in the United States.
2. Tell your French friend that the main office is open twenty-four hours a day.
3. Tell your friend that he or she can get stamps in a stamp machine.

un guichet automatic = ATM

Chapitre 13
La banque

Vocabulaire

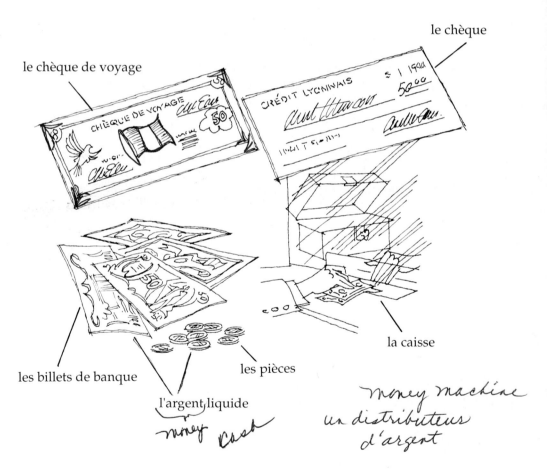

le chèque de voyage

le chèque

CRÉDIT LYONNAIS

CHÈQUE DE VOYAGE

la caisse

les billets de banque

les pièces

l'argent liquide

money *cash*

money machine
un distributeur
d'argent

Read the following:

Tu as de la *monnaie* de cent francs? *Do you exchange*

Je vais payer *en liquide (en espèces)*. *I'm going to pay cash*

le bureau de change

changer de l'argent

changer des dollars
en francs

into

signer un chèque de voyage

endosser un chèque

Exercice 1   Answer the questions based on the illustrations.

Le bureau de change

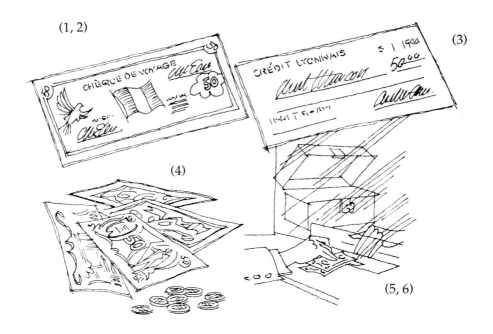

1. La jeune fille a de l'argent liquide ou un chèque?
2. Elle a un chèque de la banque ou un chèque de voyage?
3. Mademoiselle signe le chèque ou le billet?
4. Mademoiselle a des billets ou des pièces?   *les deux (both)*
5. Elle change de l'argent liquide ou des chèques de voyage?
6. Elle change son argent à la banque ou au bureau de change?

Exercice 2   Answer the questions with one or more words.

1. Où est Mlle Chénier?
2. Qu'est-ce qu'elle change?
3. Qu'est-ce qu'elle a?
4. Qu'est-ce qu'elle endosse?

Communication

A la banque ou au bureau de change

I would like

CLIENT J'aimerais changer vingt dollars en francs français,
s'il vous plaît.

AGENT Certainement, Monsieur.

CLIENT Quel est le *cours du change* aujourd'hui?   *exchange rate*

AGENT En espèces ou en chèques de voyage?

CLIENT En chèques de voyage.

AGENT Le dollar est à cinq francs soixante aujourd'hui.

CLIENT Très bien.

AGENT *Veuillez* signer votre chèque ici.   *Please*

CLIENT Ah, oui.

AGENT Votre passeport, s'il vous plaît.

CLIENT Voilà.

AGENT Très bien. Vous pouvez passer à la caisse.

Exercice 3 Complete the statements based on the preceding conversation.

1. Monsieur veut changer ___wants___ _chèque de voyage de vingt dollar_.
2. Aujourd'hui le dollar est à _5 F 60_
3. Monsieur ne veut pas changer d'argent liquide. Il a _a chèque de voyage_
   doesn't want   _He has_
4. Il signe le _____.
5. Et il passe à la _caisse_.

Exercice 4 Pretend you are in France and you have to change some money. Answer the following questions with one or more words.

1. Vous allez changer de l'argent?
2. Vous allez à la banque ou au bureau de change?
3. Vous voulez changer combien de dollars?
4. Vous avez de l'argent liquide?
5. Vous avez des chèques de voyage?
6. Il faut signer le chèque?
7. Est-ce que l'agent veut voir votre passeport?
8. Vous avez votre passeport?   *mon - my*
9. Vous passez à la caisse?

Un petit problème fiscal

big

CHARLES   Je n'ai que des *gros* billets *(grosses coupures).*   *big bills*
ANNE   Tu veux de la monnaie?
CHARLES   Oui. Tu peux me faire de la monnaie d'un billet
          de cent francs?
ANNE   Oui. Voilà dix pièces de dix francs.
CHARLES   Ah, zut! Je n'ai pas de petite monnaie. Tu as
          des pièces d'un franc?
ANNE   Non, mon chéri. Je ne suis pas une banque roulante.

Exercice 5   Based on the preceding conversation between Charles and Anne, correct each false statement.

1. Charles n'a que des pièces.
2. Il a besoin de gros billets.
3. Anne peut lui faire de la monnaie d'un billet de mille francs.
4. Elle lui donne dix billets de dix francs.
5. Anne n'a aucune pièce de dix francs.

          any

Exercice 6   Answer the questions based on the cues.

1. Vous avez des grosses coupures ou des petites coupures?   *des grosses*
2. Vous avez besoin de monnaie?   *oui*
3. Vous avez un billet de cent francs?   *non, de mille francs*
4. Vous voulez dix billets de cent francs?   *oui*
5. Vous avez besoin de petite monnaie?   *oui*
6. Qu'est-ce que vous voulez?   *dix pièces de dix francs*

SITUATIONS

Activité 1

You are in a bank in Lyon, France.
1. You want to change some dollars. Tell the teller.
2. The teller wants to know how many dollars you want to exchange. Tell him.
3. Ask the teller the exchange rate.
4. The teller wants to know if you have cash or traveler's checks. Tell him.
5. You go to the cashier counter for your money. The cashier gives you all large bills. You want change for a 100-franc note. Tell her.
6. You need some small change. Tell her.

COUP D'ŒIL SUR LA VIE

Activité 1

Look at the following diagram, which appeared recently in *Le Figaro,* a Paris newspaper.

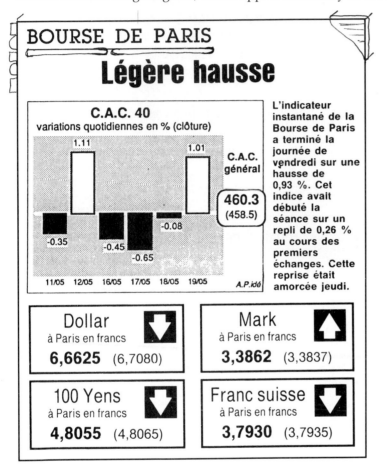

Note the difference in expressing numbers in French:
1,630.50 (English)
1.630,50 (French)

Complete the statements based on the preceding diagram.

1. Le dollar est équivalent à _____ francs.
   a. 4,8055   b. 3,3862   c. 6,6625
2. Cent yens japonais sont équivalents à _____ francs.
   a. 3,7930   b. 4,8055   c. 6,6625
3. Le cours du dollar est _____.
   a. en hausse   b. en basse   c. sans changement
4. La seule monnaie en hausse est _____.
   a. le dollar   b. le mark   c. le yen

Activité 2

Look at the following exchange document.

LE CHANGE DE PARIS
AGENCE: SAINT-MICHEL
2 PLACE SAINT-MICHEL   75006 PARIS
TEL (1) 43 54 76 55

SOCIETE PARISIENNE DE CHANGE ET DE TOURISME
2 RUE DE L'AMIRAL DE COLIGNY 75001 PARIS
SARL CAPITAL 50000 - RC PARIS B 339 299 034
CODE APE 7714-SIRET 339 299 034 00019

GUICHET : MA   NUM.MA   80622

ACHAT   DEVISES

QUANTITE	PAYS	COURS	TOTAL
100	ETATS-UNIS	TC 6.19000	619.00
			619.00

RE109767450
USP E 1773214
MR CONRAD J SCHMITT

THANKS FOR YOUR VISIT

Complete the statements based on the preceding exchange document.

1. La personne qui a changé l'argent s'appelle _____.
2. Le bureau s'appelle _____.
3. L'adresse du bureau est _____.
4. Monsieur a changé _____.
5. Le cours du change est à _____.
6. Les cent dollars correspondent à _____ francs.

Chapitre 14

Les directions

Vocabulaire

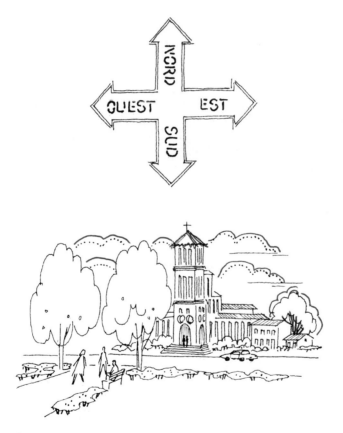

La maison est à droite.
L'église est à gauche.
L'église est à côté de la maison.
En face de l'église il y a un parc.
La voiture est garée devant la maison.
Derrière la maison il y a des arbres.

Les piétons traversent la rue.
La femme tourne à droite.

Exercice 1   Give the opposite of each of the following.

1. la gauche
2. l'est
3. devant
4. le nord

Exercice 2   Match.

1. _e_ next to   a. à droite
2. _a_ to the right   b. à gauche
3. _c_ behind   c. derrière
4. _f_ across from   d. devant
5. ____ in front of   e. à côté de
6. ____ alongside of   f. en face de

Exercice 3   Complete the statements based on the illustration.

1. La poste est _____ l'hôtel.
2. La cathédrale est _en face de_ l'hôtel.
3. Le parc est _derrière_ l'hôtel.
4. Un petit garçon va _traverse_ la rue.
5. Il doit regarder _à droite_ et _à gauche_ avant de _traverse_ la rue.

Communication

Où est...?

VOUS	Pardon, Mademoiselle. L'hôtel Molière. Il est où, s'il vous plaît?
PIETONNE	L'hôtel Molière? C'est la rue Molière.
VOUS	Je m'excuse, Mademoiselle. Mais je ne suis pas d'ici. Où est la rue Molière, s'il vous plaît?
PIETONNE	Alors, vous allez *tout droit*. A la troisième rue vous tournez à droite. Vous continuez tout droit jusqu'à la deuxième rue et juste à gauche c'est la rue Molière.
VOUS	Tout droit—trois rues—à droite—et à la deuxième rue—
PIETONNE	A gauche. Et là vous verrez l'hôtel Molière. En face il y a un joli petit parc.

straight ahead

Exercice 4   Answer the questions based on the preceding conversation.

1. Où est l'hôtel Molière?
2. Il faut aller tout droit ou à droite?   *[straight]*
3. Et ensuite, il faut tourner à droite ou à gauche?   *[next] [turn]*
4. La rue Molière est à droite ou à gauche?
5. Qu'est-ce qu'il y a en face de l'hôtel?

SITUATIONS

Activité 1

You are walking down a street in Bordeaux. You want to know where the Hotel Terminus is. Ask someone.

Savez-vous où est

Activité 2

A person stops you on a street in your hometown. The person has trouble speaking English, but he knows French. He wants to know where the pharmacy is. To the best of your ability, give the person directions to the pharmacy **(la pharmacie)** in French.

It's between
C'est entre

at the corner of
au coin du

COUP D'ŒIL SUR LA VIE

Activité 1

Read the following partial map **(plan)** of the city of Paris.

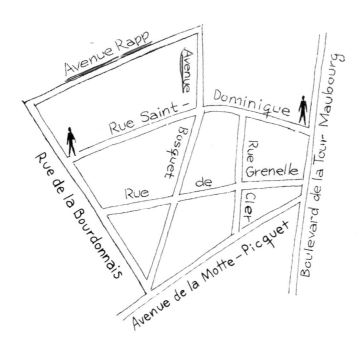

Do the following based on the map you just read.

1. You are standing on the corner of the Rue Saint-Dominique and the Rue de la Bordonnais. Someone asks you how to get to the Boulevard de la Tour Maubourg. Give the person directions.
2. You are standing on the corner of the Rue Saint-Dominique and the Boulevard de la Tour Maubourg. Someone asks you how to get to Rue de Grenelle and Rue Cler. Give the person two alternative sets of directions.

Chapitre 15

L'aéroport

Vocabulaire

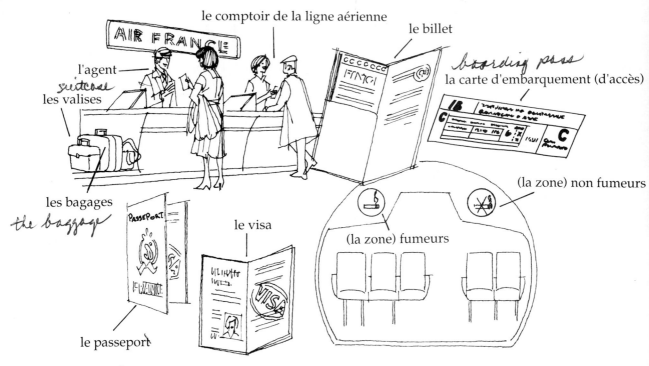

le comptoir de la ligne aérienne

le billet

l'agent

suitcase
les valises

boarding pass
la carte d'embarquement (d'accès)

(la zone) non fumeurs

(la zone) fumeurs

les bagages
the baggage

le visa

le passeport

plane - l'avion
to board - embarquer
le vol - the flight
la porte - the gate
l'arrive - arrival
l'departe - departure

Exercice 1   Answer with one or more words based on the illustration.

1. C'est le passager ou l'agent?
2. C'est le billet ou la carte d'embarquement?
3. C'est le passeport ou le visa?
4. C'est la zone fumeurs ou la zone non fumeurs?

Exercice 2   Answer the questions based on the cues.

1. C'est pour quelle destination le billet?   *Nice*
2. La passagère a des bagages?   *oui*
3. Elle a combien de valises?   *deux*
4. Elle a son passeport?   *oui*
5. C'est un passeport américain?   *oui*
6. La passagère a sa carte d'embarquement?   *oui*

Communication

Au comptoir

AGENT	Votre billet, s'il vous plaît.
PASSAGER	Le voilà.
AGENT	Le vol 803 à destination de Paris. Votre passeport, s'il vous plaît.
PASSAGER	Voilà.
AGENT	Et vous avez combien de valises?
PASSAGER	Deux. (J'en ai deux.)
AGENT	Très bien. Deux valises *enregistrées* à Paris. Vous désirez (préférez) une *place* fumeurs ou non fumeurs?
PASSAGER	Non fumeurs, s'il vous plaît, côté fenêtre, si c'est possible.
AGENT	J'ai une place côté *couloir* non fumeurs. Ça va?
PASSAGER	D'accord.
AGENT	Alors. Voilà votre carte d'embarquement. Vous avez le *siège* C *rang* 23. Embarquement vingt heures trente, porte numéro cinq. Bon voyage!
PASSAGER	Merci.

checked
seat

aisle

seat/ row

Exercice 3   Complete the statements based on the preceding conversation.

1. M. Levallois va à _____.
2. Il prend le vol numéro _____.
3. Il n'a pas beaucoup de _____.
4. Il a deux _____.
5. L'agent fait enregistrer les deux valises à _____.
6. M. Levallois demande une place _____.
7. Il a le siège numéro _____.
8. Le vol pour Paris part de la porte d'embarquement _____.
9. Le vol pour Paris part à _____.

Exercice 4 Pretend you are Mr. Levallois and you are about to leave for Paris. Answer the following questions with one or more words.

1. Vous allez où?
2. Vous avez votre billet?
3. Votre billet, s'il vous plaît.
4. Vous êtes américain(e) ou français(e)?
5. Votre passeport, s'il vous plaît.
6. Vous avez combien de valises?
7. Vous fumez?
8. Vous préférez un siège fumeurs ou non fumeurs?
9. Vous préférez un siège côté couloir ou côté fenêtre?
10. Le vol pour Paris part à quelle heure?   *next to window*
11. Le vol part de quelle porte?

SITUATIONS

Activité 1

You are in La Californie Airport in Nice. You need some information.
1. The flight to New York has been delayed **(Il y a un retard).** You want to know at what time the flight is going to leave. Ask someone.
2. You want to know what gate the flight leaves from. Ask someone.

Activité 2

You are speaking with an airline agent at the check-in counter of Air France at the Charles de Gaulle Airport in Roissy near Paris.
1. The agent wants to know where you are going. Tell her.
2. She wants to see your ticket. Say something to her as you hand it to her.
3. She wants to know your nationality. Tell her.
4. She wants to know how much luggage you have. Tell her.
5. She wants to know where you prefer to sit on the airplane. Tell her.

COUP D'ŒIL SUR LA VIE

Activité 1

Read the departure screen **(l'écran)** at de Gaulle Airport on the outskirts of Paris.

Vol	Départ	Embarquement	Porte	Destination
PA 105	13:30	12:30	5	San Francisco
TW 801	14:20	13:20	6	New York
LH 731	14:40	13:40	3	Francfort

Based on the information you have just read about departures from de Gaulle Airport, select the correct completions.

1. Le vol 105 de la Pan Am part à _____.
   a. 13:30   b. 12:30   c. 5:00
2. Le vol qui part a 14:20 va à _____.
   a. San Francisco   b. New York   c. Francfort
3. LH signifie _____.
   a. TWA   b. Air France   c. Lufthansa
4. Les passagers du vol 801 de TWA peuvent embarquer à _____.
   a. 14:20   b. 13:20   c. 13:40
5. Le vol qui part de la porte d'embarquement numéro trois va a _____.
   a. Paris   b. Francfort   c. San Francisco

Activité 2

Look at the following airline ticket.

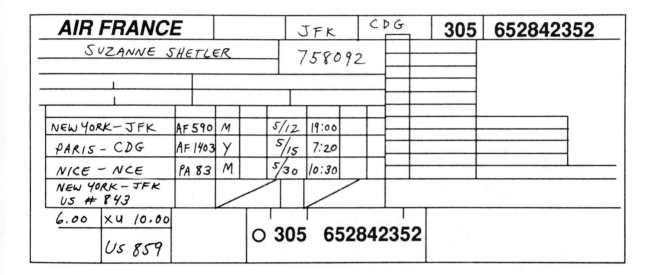

Based on the preceding airline ticket, give the information that follows.

1. le nom de la passagère
2. le numéro du premier vol
3. la destination du premier vol
4. l'heure du départ de ce vol
5. le nom de la ligne aérienne
6. la destination du deuxième vol
7. le nom de la ligne aérienne du dernier vol

Chapitre 16
Le train

Vocabulaire

la gare

le tableau horaire (des départs, des arrivées)

la salle d'attente

un guichet automatic = ATM machine

le guichet

la consigne

un aller-retour

première classe

deuxième classe

la consigne automatique

le voyageur

un aller (simple)

le billet

La gare SNCF (nat'l name for train) station 57

voiture (car#)

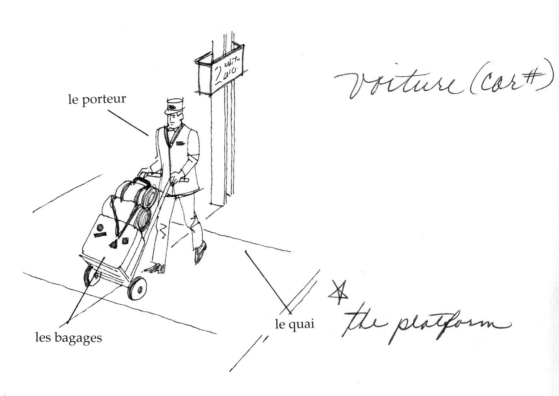

le porteur

les bagages

le quai

the platform

Read the following:

Madame est au guichet.
Elle parle par l'hygiaphone.
Elle prend (achète) son billet.

Le train part.
Le train part à quatorze heures vingt.
Le train part du quai sept.

Exercice 1   Answer the questions based on the illustration.

1. C'est le guichet ou le tableau horaire?
2. C'est l'employé du guichet ou le voyageur?
3. C'est le tableau horaire ou le quai?
4. C'est le guichet ou la consigne?
5. C'est le quai ou le billet?
6. C'est un aller simple ou un aller-retour?
7. C'est un billet deuxième ou première classe?

Communication

Au guichet

Vous	Un billet pour Avignon, s'il vous plaît.
Employe	Vous désirez un aller simple ou aller-retour?
Vous	Un aller-retour, s'il vous plaît, en deuxième.
Employe	Quatre cent vingt francs.
Vous	Le prochain train part à quelle heure, s'il vous plaît?
Employe	A onze heures seize—quai numéro sept.
Vous	Merci.

Exercice 2   Answer the questions based on the preceding conversation.

1. Vous êtes à la gare ou à l'aéroport?
2. Vous êtes au guichet?
3. Vous parlez à l'employé du guichet ou au porteur?
4. Qu'est-ce que vous voulez?
5. Vous voulez un aller simple ou un aller-retour?
6. Vous voulez voyager en quelle classe?
7. Vous allez où?
8. Le train pour Avignon part à quelle heure?
9. Il part de quel quai?

Vocabulaire

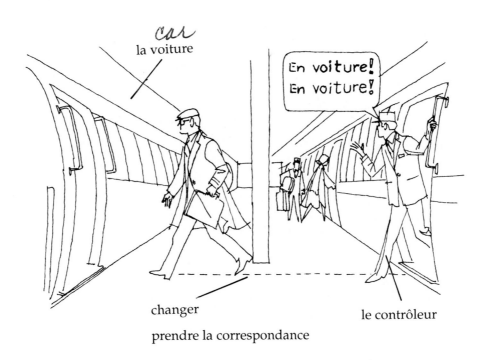

la voiture

En voiture! En voiture!

changer

prendre la correspondance

le contrôleur

Read the following:

    Il faut changer de train.
    On prend la correspondance à Nantes.
    Le porteur aide le passager avec les bagages.
    Il porte les bagages au train.
    En voiture! En voiture!
    Les passagers montent en voiture.

Le contrôleur vérifie les billets.
Le train pour La Baule n'est pas direct. On change
(prend la correspondance) à Nantes.

Exercice 3   Choose the correct responses to the following questions.

1. Il faut prendre combien de trains pour aller à La Baule?
   a. un   b. deux   c. trois
2. Qui aide les passagers avec leurs bagages à la gare?
   a. l'employé du guichet   b. le porteur   c. le contrôleur
3. Qui travaille dans le train?
   a. l'employé du guichet   b. le porteur   c. le contrôleur
4. Qui crie "En voiture! En voiture!"?
   a. l'employé du guichet   b. le porteur   c. le contrôleur
5. Qu'est-ce que les passagers font?
   a. Ils vendent leurs billets.   b. Ils crient "En voiture!"   c. Ils montent en voiture.
6. Qu'est-ce que le contrôleur fait?
   a. Il vend les billets.   b. Il vérifie les billets.   c. Il fait les valises.
7. Il faut changer de train?
   a. Oui, on prend la correspondance.   b. Oui, il est direct ce train.   c. Oui, le train change
   à Nantes.

SITUATIONS

Activité 1

You are in Paris and you are about to travel by train to Versailles to visit the wonderful Palais de Versailles.

1. You know that the train for Versailles leaves from the Gare Montparnasse. Ask someone where the Gare Montparnasse is.
2. The Gare Montparnasse is the most modern train station in Paris and it is quite large. You want to buy a ticket for Versailles, but you cannot find the ticket window. Ask someone where it is.
3. You are speaking with the ticket clerk. Tell him what you want.
4. He asks you if you want a one-way or a round-trip ticket. Tell him.
5. Ask him how much it is.
6. You want to know at what time the next train for Versailles leaves. Ask him.
7. You want to know from which platform it leaves. Ask him.

Chapitre 17

L'agence de location

Vocabulaire

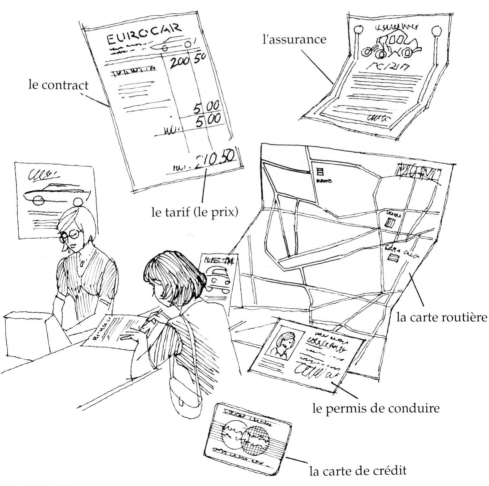

le contract

l'assurance

le tarif (le prix)

la carte routière

le permis de conduire

la carte de crédit

Read the following:

On signe le contract.

La *location* se fait à la journée (à la semaine, au mois).   *rental*

is done by the day, the week the month

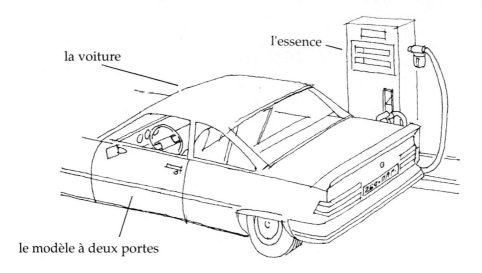

la voiture

l'essence

le modèle à deux portes

Exercice 1   Answer the questions based on the illustration.

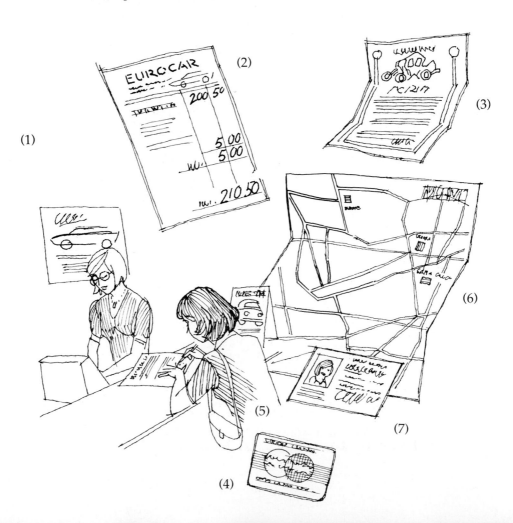

1. C'est une agence de location ou de vente? *rental* *buy*
2. C'est un contract de location ou une police d'assurance?
3. C'est un distributeur d'essence ou une police d'assurance?
4. C'est une carte de crédit ou une carte routière?
5. La cliente signe le contract ou la police d'assurance?
6. C'est le tarif ou la carte routière?
7. C'est un contract ou un permis de conduire?

Communication

A l'agence de location

AGENT	Oui, Madame.	
CLIENTE	Je voudrais *louer* une voiture.	*to rent*
AGENT	Vous voulez une voiture économique ou de luxe?	
CLIENTE	Economique.	
AGENT	Et vous voulez la voiture pour combien de temps, Madame?	
CLIENTE	Une semaine. C'est combien par semaine?	
AGENT	Nous avons un tarif *réduit*. C'est 1.500 francs par semaine avec kilométrage illimité.	*special*
CLIENTE	Et l'essence?	
AGENT	L'essence est à la charge de la cliente. Mais l'assurance est comprise dans le tarif que je vous ai proposé.	
CLIENTE	D'accord.	
AGENT	Votre permis de conduire et votre carte de crédit, s'il vous plaît. *(Une minute plus tard)* Et voici votre carte de crédit et votre permis de conduire. Vous pensez *rendre* la voiture ici?	*to return*
CLIENTE	Non, je vais la rendre à l'aéroport de Nice.	

Exercice 2 Complete the statements based on the preceding conversation.

1. Madame va louer _____.
2. Elle veut _____ la voiture. Elle ne veut pas acheter la voiture.
3. Elle veut un modèle _____.
4. Elle ne veut pas un modèle _____.

5. Elle veut louer la voiture pour _____.
6. Par semaine l'agence de location offre un _____ réduit.
7. Le _____ est avec kilométrage illimité. C'est à dire qu'il n'est pas nécessaire de payer un supplément pour les kilomètres qu'on fait.
8. L'assurance est _____ mais _____ est à la charge du client ou de la cliente.
9. L'agent veut voir son _____ et sa _____.
10. Madame signe le _____.
11. Elle ne va pas rendre la _____ à la même agence.
12. Elle va la _____ à l'aéroport de Nice.

Exercice 3   Pretend you are the client in the preceding conversation and complete the answers to the following questions.

1. Où êtes-vous?
   Je suis _____.
2. Vous parlez à qui?
   Je parle _____.
3. Qu'est-ce que vous voulez louer?
   Je veux _____.
4. Pour combien de temps?
   Pour _____.
5. Qu'est-ce que vous signez?
   Je signe _____.

Exercice 4   Answer.

1. Quel est le tarif par semaine?
2. Qu'est-ce qui est illimité?
3. Qu'est-ce qui est compris dans le tarif?
4. Qu'est-ce qui est à la charge du client?

Exercice 5   Complete.

Pour louer une voiture il est obligatoire d'avoir _____ et _____.

SITUATIONS

Activité 1

You have just arrived on a flight to Lyon. You want to rent a car, so you proceed immediately to the counter of a rental agency.
1. Tell the agent what you want.
2. She asks what type of car you want. Tell her.
3. She wants to know for how long you want the car. Tell her.
4. You want to know the price for the rental. Ask her.
5. Find out if you have unlimited mileage. Ask her and remember to use the word for kilometer.
6. You want to know if the insurance is included. Ask her.
7. You want to know if the gas is included. Ask her.
8. The agent wants to know if you have a driver's license. Tell her.
9. She wants to know if you have a credit card. Tell her.
10. She asks you where you will return the car. Respond.

Chapitre 18

La station-service

Vocabulaire

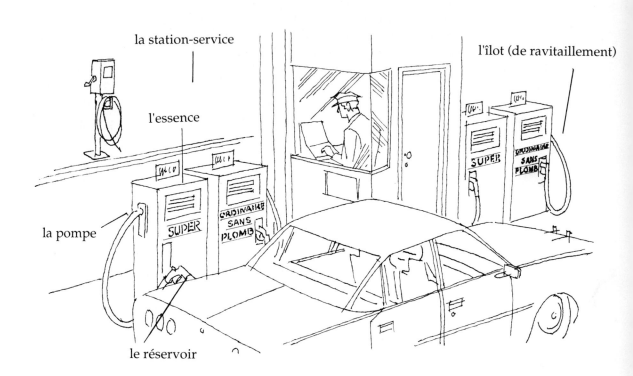

la station-service

l'essence

l'îlot (de ravitaillement)

la pompe

le réservoir

la batterie

le capot

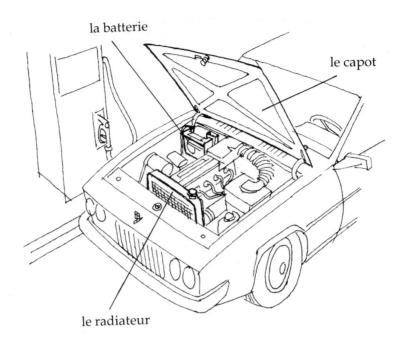

le radiateur

vérifier les niveaux
(la batterie, le radiateur)

faire le plein

en mettre 20 litres d'essence

le pompiste

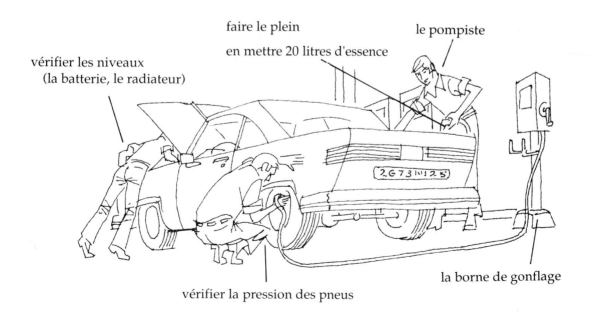

la borne de gonflage

vérifier la pression des pneus

Exercice 1   Answer the questions based on the illustration.

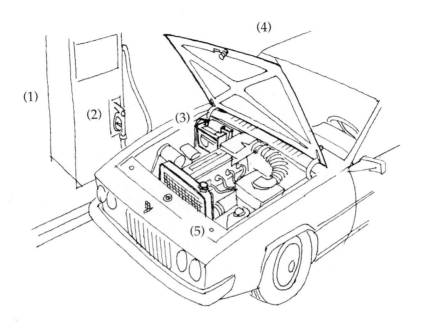

1. C'est l'essence ou le pompiste?
2. C'est la pompe ou le capot?
3. C'est le radiateur ou la batterie?
4. C'est le capot ou le coffre?
5. C'est l'îlot de ravitaillement ou le radiateur?

Exercice 2   True or false?

1. On met de l'huile dans la batterie.
2. On met de l'eau dans le radiateur.
3. On met de l'eau dans le réservoir.
4. On met de l'air dans les pneus.
5. Le pompiste travaille dans une station-service.
6. Les pompes à essence se trouvent sur les îlots de ravitaillement.
7. Une voiture a toujours une pompe.
8. Une voiture a toujours un réservoir d'essence.
9. Les nouvelles voitures prennent de l'essence sans plomb.

Communication

A la station-service

CLIENT	Le plein, s'il vous plaît.
POMPISTE	Super ou ordinaire?
CLIENT	Ordinaire—sans plomb.
POMPISTE	D'accord. Vous avez la *clé* pour le réservoir d'essence?
CLIENT	La voilà. Et vérifiez les niveaux, s'il vous plaît.
POMPISTE	*Appuyez* sur le bouton pour ouvrir le capot.
CLIENT	Je ne sais pas où est le bouton. C'est une *voiture de location*.

key

Push

rental car

Exercice 3   Answer the questions based on the preceding conversation.

1. Où est le client?
2. Il parle à qui?
3. Il veut faire le plein?
4. Quelle essence veut-il?
5. L'accès au réservoir d'essence est fermé a clé?
6. Le pompiste vérifie les niveaux?
7. Qu'est-ce qu'il faut ouvrir pour vérifier les niveaux?
8. C'est la voiture du client?

Exercice 4   Tell which person carried out the activity described.

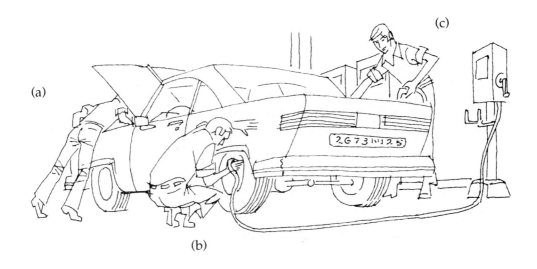

1. _____ Le pompiste fait le plein.
2. _____ Le pompiste ouvre le capot.
3. _____ Le pompiste vérifie les niveaux.
4. _____ Le pompiste met de l'eau dans le radiateur.
5. _____ Le pompiste vérifie la pression des pneus.
6. _____ Le pompiste met de l'huile dans le moteur.

SITUATIONS

Activité 1

You are driving through France in a rental car. You have to stop at a service station.
1. You want to fill up the tank. Tell the attendant.
2. He wants to know what kind of gas you want. Tell him.
3. You think it would be a good idea to check the oil and water. Tell the attendant.
4. You want to put some air in the tires. Ask the attendant where the air pump is.

Chapitre 19
L'hôtel

Vocabulaire

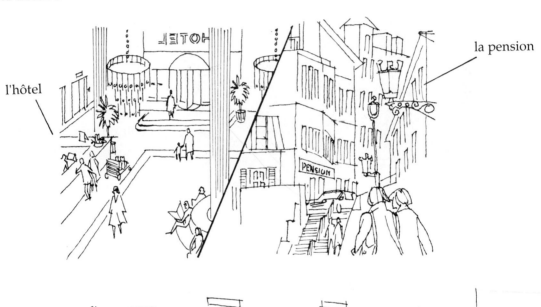

l'hôtel

la pension

l'ascenseur

la réceptionniste

la réception

la fiche

la clé

la chambre

la salle de bains

une chambre avec un grand lit

une chambre à un lit—une chambre pour une personne
(deux personnes)

un lit supplémentaire

une chambre à des lits jumeaux

une chambre pour deux personnes

le petit déjeuner

Exercice 1   Answer the questions based on the illustration.

1. C'est la chambre ou la réception?
2. C'est une chambre à un lit ou à deux lits?
3. La chambre a un grand lit ou deux lits jumeaux?
4. C'est une chambre pour une personne ou deux personnes?
5. Y a-t-il un lit supplémentaire dans la chambre?
6. C'est le petit déjeuner pour une personne ou pour deux personnes?

Exercice 2   Complete the following statements.

1. On est deux personnes. Vous avez une chambre _____?
2. On est trois personnes. Il est possible de mettre _____ dans la chambre?
3. Je voudrais une chambre avec _____.
4. Je veux ouvrir la porte. Où est la _____?

Communication

A la réception d'un hôtel

VOUS	Une chambre pour deux personnes, s'il vous plaît.
RECEPTION	Vous avez réservé?
VOUS	Non.
RECEPTION	J'ai une chambre *libre* au deuxième *étage*.
VOUS	C'est une chambre à un lit ou à deux lits?
RECEPTION	Elle a des lits jumeaux.
VOUS	Très bien. Quel est le prix, s'il vous plaît?
RECEPTION	Quatre cents francs tout *compris*.
VOUS	Tout compris?
RECEPTION	Oui, cela veut dire que le service et les taxes sont compris.
VOUS	D'accord. Et le petit déjeuner?
RECEPTION	Non, le petit déjeuner n'est pas compris. Je vous prie de *remplir* cette fiche.
VOUS	Très bien.
	(Vous donnez la fiche au réceptionniste.)
RECEPTION	Merci. Et voici votre clé. Vous avez la chambre 28 au deuxième étage. Vous pouvez monter. Voilà l'ascenseur. J'enverrai quelqu'un avec les valises.

available/floor (J'ai une chambre libre au deuxième étage.)
included (Quatre cents francs tout compris.)
fill out (de remplir cette fiche.)

Exercice 3   Answer the questions based on the preceding conversation.

1. Vous arrivez où?
2. Vous êtes où dans l'hôtel?
3. Vous parlez à qui?
4. Qu'est-ce que vous voulez?
5. Vous avez réservé?
6. Il y a des chambre libres?
7. On peut vous donner une chambre à quel étage?
8. Quel est le prix?
9. C'est tout compris?
10. Le petit déjeuner est compris?
11. Qu'est-ce qu'il faut remplir?
12. Vous donnez la fiche au réceptionniste?
13. Qu'est-ce que le réceptionniste vous donne?
14. Vous montez où?
15. Vous montez les valises?
16. Vous montez dans l'ascenseur?

Vocabulaire

la caisse — *the check out desk*

la carte de crédit

les frais — *the costs*

la note

le caissier

Exercice 4 Answer the questions based on the illustration.

1. C'est la caisse ou la réception?
2. C'est le réceptionniste ou le caissier?
3. C'est la clé ou la note?
4. Le caissier prépare la note ou la carte de crédit?
5. On paie avec la note ou la carte de crédit?
6. On paie à la caisse ou à la réception?

Communication

A la caisse

VOUS	Vous avez ma note, s'il vous plaît?
CAISSIER	Votre numéro de chambre, s'il vous plaît.
VOUS	Vingt-huit.
CAISSIER	Vous avez fait des appels téléphoniques ce matin?
VOUS	Non.
CAISSIER	Bon. Voici votre note. Trois jours à 400, c'est mille deux cents francs.
VOUS	Vous prenez *(name of your credit card)*?
CAISSIER	Oui, Monsieur.

Exercice 5 Answer the questions based on the preceding conversation.

1. Vous parlez au caissier?
2. Il a votre note?
3. Vous avez passé combien de jours à l'hôtel?
4. Quel est le tarif? (C'est combien la note?)
5. L'hôtel accepte votre carte de crédit?

SITUATIONS

Activité 1

You have just arrived at a lovely small hotel on the Left Bank in Paris. You are at the reception desk to check in.
1. Ask the receptionist if he has a double room.
2. He wants to know if you want one large bed or twin beds. Tell him.
3. You want to know if the room has a private bath. Ask him.
4. You want to know the rate (price). Ask him.
5. He gives you the price. You want to know if the service and taxes are included. Ask him.
6. The receptionist asks how long you plan to spend at the hotel. Answer him.

Activité 2

Your stay at the hotel is over and you are paying your bill at the cashier counter.
1. You want your bill. Ask for it.
2. The cashier asks you for your room number. Tell her.
3. She wants to know if you made any phone calls or had any other charges this morning. Tell her.
4. Ask her if the hotel accepts the credit card you have.

COUP D'ŒIL SUR LA VIE

Activité 1

Look at the following hotel bill.

```
┌─────────────────────────────────────────────────────────────────────────┐
│  ▬▬▬   ┌──┐     H O T E L   A T H E N A                                    │
│ TOLSTOI │LT│     90 cours Tolstoi - 69100 LYON-VILLEURBANNE                │
│        └──┘     Tel: (7) 868.8121 - TELEX : ATHENA 330 574 F             │
└─────────────────────────────────────────────────────────────────────────┘
```

NOM _GOLDBERG_   **NAT:**
ADRESSE
SOCIETE

N° Cbre 309	29/9	30/9		
Nbre Pers /	Enf. et Dom.	Lits supp.		
Arrang	App. /50			

APPT   21   150.00
          29/09   30501   150.00
POEJC   16.00
APPT   21   150.00
          30/09   30970   316.00

HOTEL

2 Hôtels
250 Chambres
Restaurants
Bars
Garages
Salles de Réunion
Banquets
Cocktails

Métro GRATTE-CIEL

OCTOBRE 83 = OUVERTURE
HOTEL ATHENA PART-DIEU
(125) CHAMBRES

APPMT Appartement
ARGT   Arrangement
PDEJC Petit Déjeuner Complet
PDEJS Petit Déjeuner simple
PDSUP Supplément Petit Déjeuner
PDJO   Jus d'Orange

Give the information based on the preceding hotel bill.

1. le nom de l'hôtel
2. le nom du client
3. la date de son arrivée
4. la date de son départ
5. le prix de la chambre ou l'appartement

Chapitre 20

Les courses

Vocabulaire

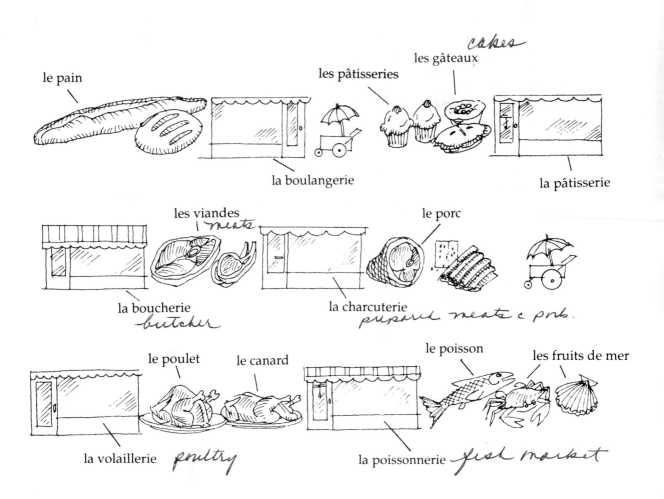

le pain

les pâtisseries

les gâteaux — *cakes*

la boulangerie

la pâtisserie

les viandes — *meats*

le porc

la boucherie — *butcher*

la charcuterie — *prepared meats & pork.*

le poulet

le canard

le poisson

les fruits de mer

la volaillerie — *poultry*

la poissonnerie — *fish market*

les légumes

les fruits

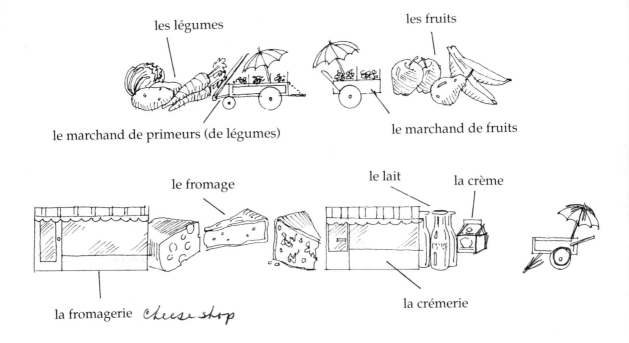

le marchand de primeurs (de légumes)

le marchand de fruits

le fromage

le lait

la crème

la fromagerie *Cheese shop*

la crémerie

NOTE   In many cases today, one can buy poultry as well as meat at the **boucherie,** cheese as well as cream at the **crémerie,** and fruits as well as vegetables at the **marchand de légumes.**

Check out
la caisse

canned good section
le rayon de conserves

l'hypermarché

le chariot (le caddy)

le supermarché (une grande surface)

market
le marché en plein air

le marché

l'épicerie (du coin)
corner store

Le prix

C'est combien le (la) _____?
Ça fait combien?   *How much for total?*

le kilo   le gramme   un demi-kilo (500 grammes) = une livre

NOTE   A complete list of food items appears on pages 89-92. It is a reference list; do not try to memorize it. This list also appears in the second and third books in this series.

Exercice 1   Answer the questions based on the illustrations.

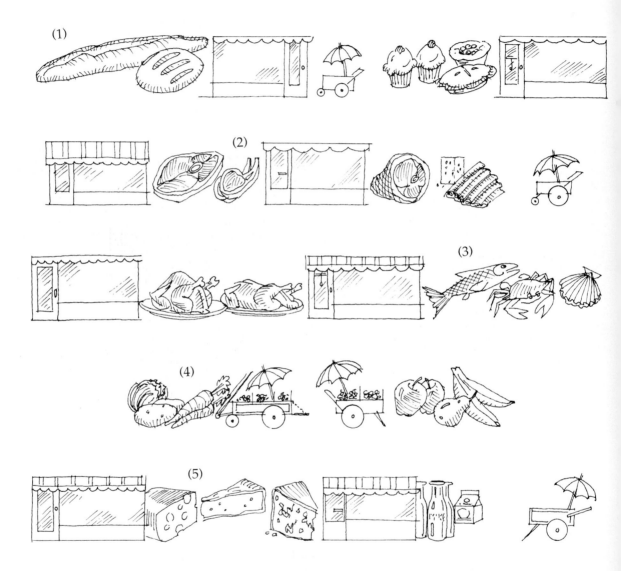

1. C'est du pain ou du poisson?
2. Ce sont des viandes ou c'est du poisson?
3. Ce sont des fruits ou des fruits de mer?
4. Ce sont des légumes ou des gâteaux?
5. C'est du lait ou du fromage?

Exercice 2   Answer the questions based on the illustrations.

1. C'est une épicerie du coin ou un supermarché?
2. C'est un petit marché en plein air ou une grande surface?
3. Madame est au marché ou au supermarché?
4. Madame a un chariot ou une voiture?
5. Elle est au rayon de conserves ou au rayon de légumes?
6. On paie à la caisse ou au rayon de conserves?

Exercice 3   Complete the following by giving the appropriate place.

1. On veut du pain. On va à la _____.
2. On veut du poisson. On va à la _____.
3. On veut des fruits. On va chez _____.
4. On veut du bœuf. On va à la _____.
5. On veut du porc. On va à la _____.
6. On veut du saucisson. On va à la _____.
7. On veut des légumes. On va chez _____.
8. On veut du fromage. On va à la _____.
9. On veut des gâteaux. On va à la _____.
10. On veut du poulet. On va à la _____.

Exercice 4   Tell what you have to buy.

1. Je vais à la pâtisserie.
2. Je vais à la crémerie.
3. Je vais à la boucherie.
4. Je vais à la boulangerie.
5. Je vais à la volaillerie.
6. Je vais à la charcuterie.
7. Je vais chez le marchand de primeurs.
8. Je vais chez le marchand de légumes.
9. Je vais chez le marchand de vin.

Exercice 5   Answer the following questions.

1. Qu'est-ce que c'est qu'une grande surface? C'est un supermarché ou une épicerie?
2. Il y a beaucoup de rayons dans un supermarché?
3. Les clients ont des caddies?
4. On pousse les chariots (les caddies) a travers les différents rayons?

Communication

Chez l'épicier (A l'épicerie)

EMPLOYE   Et maintenant, je suis à vous, Monsieur (Madame).
VOUS   Je voudrais *(tell what you want)*.
EMPLOYE   *(Frequently repeats what you want)* Et avec ça?
VOUS   *(Tell what else you want.)*
EMPLOYE   Quelque chose d'autre?
VOUS   Non, c'est tout, merci. C'est combien?
EMPLOYE   Alors, _____ et _____ , ça fait 12 francs.
        Passez à la caisse, s'il vous plaît.

Exercice 6   You are in a charcuterie. You want 200 grams **(deux cents grammes)** of cooked ham **(jambon de Paris)**. Respond to the following questions or statements.

1. C'est à vous, Madame (Monsieur).
2. Qu'est-ce que vous voulez?
3. Vous en voulez combien?
4. Quelque chose d'autre?

SITUATIONS

Activité 1

You are in a pastry shop in Paris. You are admiring some small pear tarts **(tartelettes aux poires).**
1. Point to the tarts and tell the clerk you want some.
2. She asks you how many you want. Tell her.
3. She asks you if you want something else. Tell her no.
4. Ask her how much the pastries are.
5. Ask her if you pay at the cashier.

Activité 2

You are in a charcuterie in Bayonne. You want to buy approximately 350 grams **(à peu près trois cent cinquante grammes)** of ham.
1. The clerk asks you what you want. Tell him.
2. He asks you if you want something else. Tell him no, that's all you want.
3. Ask him how much it is.

COUP D'ŒIL SUR LA VIE

Activité 1

Here are some statements about health foods, a topic of great interest to many people these days. You should have no difficulty reading these:

allégé en calories et graisses
riche en protéines
très haut en vitamines
il contient des fibres
pas d'additifs

How do you say the following in French?

1. vitamins
2. protein
3. fiber
4. additives
5. calories

Express the following in French.

1. high in
2. rich in
3. low in

Foods (Les aliments)

Vegetables (Les légumes)
artichoke   l'artichaut *(m.)*
asparagus   les asperges *(f.)*
beans   broad   les haricots secs *(m.),*
    les fèves *(f.); green kidney*   les flageolets *(m.);*
    (green beans)   les haricots verts *(m.)*
beet   la betterave
broccoli   le brocoli
brussels sprouts   les choux de Bruxelles *(m.)*
cabbage   le chou; *savoy cabbage*   le chou
    frisé
celery   le céleri
chestnut   le marron
chick peas   les pois chiches *(m.)*
chicory   la chicorée, l'endive *(f.)*
corn   le maïs
cucumber   le concombre
eggplant   l'aubergine *(f.)*
endive   la chicorée, l'endive *(f.); curly endive*
    (la chicorée) frisée
garlic   l'ail *(m.)*
leeks   les poireaux *(m.)*
lentils   les lentilles *(f.)*
lettuce   la laitue; *Boston lettuce*   la laitue,
    la laitue de mâche *(Canada)*
lima beans   les fèves de Lima *(f.)*
mushroom   le champignon
onion   l'oignon *(m.)*
palm hearts   les cœurs de palmier *(m.)*
parsnip   le panais
peas   les pois *(m.); green peas*   les petits pois
pepper   le piment, le poivron
potato   la pomme de terre
pumpkin   la citrouille
radish   le radis
rice   le riz
sauerkraut   la choucroute
shallot   l'échalote *(f.)*
spinach   les épinards *(m.)*
squash   la courge, la courgette
sweet potato   la patate douce

tomato   la tomate
turnip   le navet
watercress   le cresson
zucchini   les courgettes *(f.)*

Fruit (Les fruits)
almond   l'amande *(f.)*
apple   la pomme
apricot   l' abricot *(m.)*
avocado   l'avocat *(m.)*
banana   la banane
blackberry   la mûre
cherry   la cerise
coconut   la noix de coco
currant   la groseille
date   la datte
fig   la figue
filbert   la noisette
gooseberry   la groseille à maquereau
grape   le raisin
grapefruit   le pamplemousse
guava   la goyave
hazelnut   la noisette
lemon   le citron
lime   le limon, la lime, la limette
melon   le melon
olive   l'olive *(f.)*
orange   l'orange *(f.)*
papaya   la papaye
peach   la pêche
pear   la poire
pineapple   l'ananas *(m.)*
plum   la prune
pomegranate   la grenade
prune   le pruneau
raisin   le raisin sec
raspberry   la framboise
strawberry   la fraise; *wild strawberry*
    la fraise des bois
walnut   la noix
watermelon   la pastèque

Meat **(Les viandes)**
bacon   le lard, le bacon
beef   le bœuf, le bifteck
blood pudding   le boudin
bologna sausage   la mortadelle
brains   les cervelles *(f.)*
cold cuts   l'assiette anglaise *(f.)*
corned beef   corned beef, le bœuf salé
     (Canada)
filet mignon   le filet mignon
goat   la chèvre
ham   le jambon
heart   le cœur
kidneys   les rognons *(m.)*
lamb   l'agneau *(m.)*; *lamb chop*   la côtelette
     d'agneau; *lamb shoulder*   l'épaule
     d'agneau *(f.)*; *leg of lamb*   le gigot d'agneau;
     rack of lamb   le carré d'agneau
liver   le foie
meatballs   les boulettes de viande *(f.)*
mutton   le mouton
oxtail   la queue de bœuf
ox tongue   la langue de bœuf
pork   le porc; *pork chop*   la côtelette de
     porc
rib steak   l'entrecôte *(f.)*
sausage   les saucisses *(f.)*
spareribs   les basses-côtes *(f.)*
suckling pig   le cochon de lait
sweetbreads   les ris de veau *(m.)*
T-bone steak   la côte de bœuf
tongue   la langue
tripe   les tripes *(f.)*
veal   le veau; *veal cutlet*   la côtelette de
     veau; *veal scallopini*   l'escalope de
     veau *(f.)*

Fowl and game **(La volaille et le gibier)**
boar, wild   le sanglier
capon   le chapon
chicken   le poulet
duck   le canard
goose   l'oie *(f.)*
hare   le lièvre

partridge   le perdreau, la perdrix
pheasant   le faisan
pigeon   le pigeon
quail   la caille
rabbit   le lapin
squab   le pigeonneau
turkey   la dinde
venison   le chevreuil

Fish and shellfish **(Les poissons et les**
     crustacés [fruits de mer])
anchovy   l'anchois *(m.)*
angler-fish   la lotte
barnacle   la bernacle
bass   la perche; *sea bass*   le bar
carp   la carpe
clam   la palourde
cod   la morue
codfish   le cabillaud
crab   le crabe
crayfish   les écrevisses *(f.)*, les langoustes *(f.)*
eel   l'anguille *(f.)*
flounder   le carrelet, la plie *(Canada)*
frogs' legs   les cuisses de grenouille *(f.)*
grouper   le mérou
hake   le colin, la merluche
halibut   le flétan
herring   le hareng
lobster   le homard, la langouste; *rock*
     lobster   la langouste
mackerel   le maquereau
monkfish   la lotte
mullet   le mulet; *red mullet*   le rouget
mussel   la moule
octopus   la pieuvre, le poulpe
oyster   l'huître *(f.)*
perch   la perche
pickerel   le doré
pike   le brochet
plaice   le carrelet
prawns   les langoustines *(f.)*
red snapper   la perche rouge
salmon   le saumon
sardine   la sardine

scallops   les coquilles Saint-Jacques *(f.)*
sea bass   le loup, le bar
sea bream   la dorade
sea urchin   l'oursin *(m.)*
shrimp   la crevette
skatefish   la raie
smelts   les éperlans *(m.)*
snail   l'escargot *(m.)*
sole   la sole
squid   le calmar
swordfish   l'espadon *(m.)*
trout   la truite
tuna   le thon
turbot   le turbot, le turbotin
whiting   le merlan

Eggs (Les œufs)

fried eggs   les œufs sur le plat *(m.)*, les œufs
    à la poêle *(Canada)*
hard-boiled eggs   les œufs durs *(m.)*
poached eggs   les œufs pochés *(m.)*
scrambled eggs   les œufs brouillés *(m.)*
soft-boiled eggs   les œufs à la coque *(m.)*
omelette   l'omelette *(f.)*;   *plain omelette*
    l'omelette nature;   *with herbs*
    l'omelette aux fines herbes;   *with*
    mushrooms   l'omelette aux
    champignons

Sweets and desserts (Les sucreries et les desserts)

apple turnover   le chausson aux pommes
cake   le gâteau
candy   le bonbon
caramel custard   la crème caramel
compote   la compote
cookie   le biscuit, le petit gâteau
cream puffs   les choux à la crème
custard   le flan, la crème renversée
custard tart   la dariole
doughnut   le beignet
gelatin   la gélatine
honey   le miel
ice cream   la glace, la crème glacée

(Canada);   *vanilla ice cream*   la glace à
    la vanille
jam   la confiture
jelly   la gelée (de fruits)
meringue   la meringue
pancake   la crêpe
pie   la tarte
rice pudding   le riz au lait
sponge cake   le biscuit de Savoie
syrup   le sirop
tart   la tarte
turnover   le chausson
waffle   la gaufre

Beverages (Les boissons)

after-dinner drink   le digestif
aperitif   l'apéritif *(m.)*
beer   la bière, le demi;   *dark beer*   la bière
    brune;   *light beer*   la bière blonde;
    tap beer   la bière à la pression
champagne   le champagne
chocolate   le chocolat;   *hot chocolate*   le
    chocolat chaud
cider   le cidre, le cidre mousseux
coffee   le café;   *black coffee*   le café noir
    coffee with milk   le café au lait, le café-
    crème;   *expresso*   le café express
Coke   le coca
ice   la glace;   *ice cubes*   les glaçons
infusion (mint)   l'infusion de menthe *(f.)*
juice   le jus;   *apple juice*   le jus de pommes;
    fruit juice   le jus de fruits
lemonade   le citron pressé;   *soft drink*   la
    limonade
milk   le lait
milkshake   le lait frappé
mineral water   l'eau minérale *(f.)*;   *carbonated*
    gazeuse;   *noncarbonated*   non-gazeuse
sherry   le xérès
soda   le soda
soft drink   la boisson gazeuse
tea   le thé;   *with lemon*   le thé au citron;
    herb tea   l'infusion *(f.)*, la tisane;
    camomile   la camomille;   *lime blossom*

le tilleul;   *iced tea*   le thé glacé
water   l'eau *(f.)*;   *ice water*   l'eau glacée
wine   le vin;   *red wine*   le vin rouge   *rosé*
le vin rosé   *white wine*   le vin blanc

Condiments and spices (Les condiments et les épices)

anise   l'anis *(m.)*
basil   le basilic
bay leaf   la feuille de laurier
capers   les câpres *(m.)*
chervil   le cerfeuil
chives   la ciboulette
cinnamon   la cannelle
coriander   la coriandre
fennel   le fenouil
dill   l'aneth *(m.)*
garlic   l'ail *(m.)*
ginger   le gingembre
ketchup   la sauce de tomate, le catsup
marjoram   la marjolaine
mayonnaise   la mayonnaise
mint   la menthe
mustard   la moutarde
nutmeg   la muscade, la noix de muscade
oregano   l'origan *(m.)*
paprika   le paprika
parsley   le persil
pepper   le piment, le poivre
rosemary   le romarin
saffron   le safran
sage   la sauge
salt   le sel
sesame   le sésame
sorrel   l'oseille *(f.)*
syrup   le sirop
tarragon   l'estragon *(m.)*
thyme   le thym
vanilla   la vanille

Miscellaneous food items (Divers produits alimentaires)

baking powder   la levure artificielle
baking soda   le bicarbonate de sodium, le bicarbonate de soude
bread   le pain
butter   le beurre
cereal   les céréales
cheese   le fromage;   *melted cheese*   le fromage fondu
cornstarch   la farine de maïs
cream   la crème
egg white   le blanc d'œuf
egg yolk   le jaune d'œuf
flour   la farine
gravy   la sauce
lard   le lard
noodles   les nouilles *(f.)*, les pâtes *(f.)*
nut   la noix
oil   l'huile *(f.)*;   *olive oil*   l'huile d'olive
peanut   la cacahouète, l'arachide *(f.)*;   *peanut butter*   le beurre d'arachide
pickle   le cornichon
roll   le petit pain
sandwich   le sandwich
snack   le casse-croûte
spaghetti   le spaghetti
sugar   le sucre
toast   le pain grillé, les biscottes *(f.)*, les rôties *(f.)* (Canada)
vinegar   le vinaigre
yeast   la levure
yogurt   le yaourt

Chapitre 21

Le restaurant

Vocabulaire

le garçon (le serveur)

la table (pour quatre personnes)

la carte des vins

le plat du jour

la carte de crédit

le menu

l'addition (la note)

le pourboire

Read the following:

le plat du jour   c'est presque toujours un plat garni—c'est à dire la viande
et des légumes servis en même temps

Exercice 1   Answer the questions based on the illustration.

1. C'est une table pour quatre ou pour six personnes?
2. C'est le garçon ou le client?
3. C'est la carte des vins ou la carte de crédit?
4. Qu'est-ce que c'est? C'est le menu ou la table?
5. C'est l'addition ou le pourboire?
6. C'est le garçon ou le client qui paie la note?
7. C'est le plat du jour ou le pourboire?
8. C'est le garçon ou le client qui laisse le pourboire?

Communication

On va réserver

Maître d'hotel	Bonjour. Le Bourdonnais.
Vous	Bonjour, Monsieur. Vous acceptez des réservations?
Maître d'hotel	Oui, Monsieur (Madame). Pour quelle date?
Vous	Pour demain soir.
Maître d'hotel	C'est pour combien de personnes?
Vous	Quatre.
Maître d'hotel	A quelle heure, s'il vous plaît?
Vous	Vingt heures trente.
Maître d'hotel	Et votre nom, s'il vous plaît?
Vous	*(Give your name.)*
Maître d'hotel	Très bien, Monsieur (Madame). Une table pour quatre personnes, vendredi soir, le dix-huit, à vingt heures trente au nom de *(your name)*.

Exercice 2 Answer with one or more words based on the preceding conversation.

1. Vous voulez réserver une table?
2. Vous téléphonez au restaurant?
3. Vous parlez au maître d'hôtel?
4. Le restaurant accepte des réservations?
5. Vous voulez une réservation pour quelle date?
6. Et pour combien de personnes?
7. A quelle heure?
8. Et votre nom, s'il vous plaît?

Au restaurant

Serveur	Bonsoir, Monsieur.	
Client	Bonsoir. Vous avez une table?	
Serveur	Vous avez réservé?	
Client	Non, Monsieur.	
Serveur	C'est pour combien?	
Client	On est quatre.	
Serveur	Oui, j'ai une petite table *au fond.*	*in the back*
	Ça vous convient?	*Is that all right?*
Client	Oui, ça va.	
Serveur	Très bien. Suivez-moi, s'il vous plaît.	

Exercice 3   Answer the questions based on the preceding conversation.

1. Où sont les amis?
2. Ils ont réservé une table?
3. On est combien?
4. Le serveur a une table?
5. Le restaurant est complet?
6. Où est la table?
7. Elle est petite ou grande la table?

Au restaurant

VOUS	Le menu, s'il vous plaît.	
SERVEUR	Oui, Madame (Monsieur).	
VOUS	*(Accepting the menu)* Merci.	
SERVEUR	Ce soir, je vous propose le *menu touristique*.	*house specialty*
	Vous pouvez choisir trois plats à un *prix fixe* de	*fixed price*
	cent vingt francs. Je reviens *tout de suite*.	*at once*
	(Le serveur revient.)	
	Madame (Monsieur) a choisi?	
VOUS	Oui, le menu touristique, s'il vous plaît.	
SERVEUR	Très bien.	
	(Après le dîner)	
VOUS	L'addition, s'il vous plaît.	
SERVEUR	J'arrive tout de suite.	
	(Le serveur arrive avec la note.)	
VOUS	Le service est compris?	
SERVEUR	Oui, Madame (Monsieur).	
VOUS	Vous acceptez des cartes de crédit?	
SERVEUR	Oui, la *maison* accepte _____ et _____.	*establishment*

Exercice 4   Complete the statements based on the preceding conversation.

1. Le serveur me donne _____.
2. Il me propose _____.
3. Le menu touristique est composé de _____.
4. Je choisis _____.
5. Après le dîner je demande _____.
6. Le service _____.
7. Mais, moi, je laisse _____.
8. Le restaurant accepte _____.
9. Je paie _____.

SITUATIONS

Activité 1

You are vacationing in Paris. You and three friends want to go to a good restaurant. Call to make a reservation.

1. The **maître d'hôtel** answers the phone. Ask him if they accept reservations.
2. Ask him for a reservation for four people.
3. The **maître d'hôtel** wants to know for which day you want the reservation. Tell him.
4. He wants to know for what time you want the reservation. Tell him.
5. He asks you in whose name you want the reservation. Tell him.

Activité 2

You are having dinner in a small restaurant off the Boul' Mich in Paris.

1. Ask the waiter for the menu.
2. You notice on the menu that there is a **menu touristique.** You want to know how many dishes are included on the **menu touristique.** Ask the waiter.
3. Since you do not want to spend a lot of money, order the **menu touristique.**
4. You have finished your dinner. Ask the waiter for the check.
5. He brings you the check. Ask him if the service is included.
6. You want to pay with a credit card. Ask the waiter if they accept credit cards.

COUP D'ŒIL SUR LA VIE

Activité 1

Familiarize yourself with the following categories that you will find on the menu of a typical good French restaurant.

Menu

Les potages
Les hors-d'oeuvre

Les entrées
les viandes
les volailles
le gibier
les poissons
les crustacés et les coquillages

Les légumes
Les desserts
Les fruits et les fromages

Answer the questions based on the preceding menu.

1. You would like to have an appetizer. Under which heading would you find it?
2. To finish the meal, you want a dessert. Under which heading would you find it?
3. You want some vegetables with your main course. Under which heading would you find them?
4. For your main course, under which heading would you look if you were in the mood for one of the following?

   a. pork   d. lobster
   b. sole   e. beef
   c. duck   f. venison

Methods of cooking (**Les méthodes de préparation**)

(in) aspic   en gelée
baked   au four
barbecued   à la broche
(in) beaten egg   doré
boiled   bouilli
braised   braisé
broiled   grillé
(in) butter   au beurre
(in a) casserole   à la casserole, en cocotte
(in) cheese   au gratin
chopped thinly   émincé
fried   frit
garnished   garni
grated   râpé
grilled   grillé
house style   maison
(in) juices   au jus

marinated   mariné
mashed   en purée
(in) oil   à l'huile
(with) parsley   persillé
(in a) pastry   en croûte
poached   poché
puréed   en purée
raw   cru
roasted   rôti
sautéed   sauté
(on a) skewer   en brochette
smoked   fumé
steamed   à l'étuvée, à l'étouffée
stewed   mijoté, en ragoût; *stewed in cream sauce*   une blanquette de
stuffed   farci
(in) thin strips   julienne

rare   saignant
medium   au point, pas trop cuit
well-done   bien cuit

Chapitre 22

Les vêtements

Vocabulaire

une boutique (pour hommes,
pour monsieur)

la vitrine

une boutique (pour dames,
pour madame)

Read the following:

la boutique unisexe   une boutique pour les deux sexes

la vendeuse   un grand magasin

le rayon confection d'un grand magasin

le prix

le vendeur

la taille

la caisse

700ff

la pointure

155ff

les chaussures

le comptoir

Le prix ff

C'est combien le (la) _____?
Ça coûte combien le (la) _____?
Quel est le prix de _____, s'il vous plaît?

NOTE   A complete list of articles of clothing appears on pages 106-107.

Exercice 1   Answer with one or more words based on the illustration.

1. C'est une boutique pour hommes ou pour femmes?
2. C'est une boutique chic ou populaire?
3. C'est une boutique ou un grand magasin?
4. C'est le vendeur ou le client qui paie?
5. La chemise, elle est de quelle taille? Trente-huit ou quarante-deux?
6. Et les chaussures, elles sont de quelle pointure? Quarante-deux ou quarante-quatre?
7. La chemise coûte combien? Cent vingt francs ou cent cinquante?
8. Quel est le prix des chaussures? Six cents ou sept cents francs?

Exercice 2   Give the following personal information.

1. la taille de votre chemise ou de votre chemisier
2. la pointure de vos chaussures

Communication

Dans une boutique pour hommes

VENDEUR	Oui, Monsieur.
CLIENT	Je voudrais une chemise, s'il vous plaît.
VENDEUR	Quelle est votre taille?
CLIENT	Je fais du quarante—l'encôlure 16.
VENDEUR	Et de quelle couleur?
CLIENT	Blanche.
	(Quelques minutes plus tard)
	C'est combien cette chemise?
VENDEUR	Cent quatre-vingts francs. Vous pouvez payer à la caisse.

Exercice 3   Answer the questions based on the preceding conversation.

1. Où est Yves?
2. Il parle à qui?
3. Qu'est-ce qu'il achète?
4. Quelle est sa taille?
5. Et l'encôlure?
6. Yves veut quelle couleur?
7. Quel est le prix de la chemise?
8. Il peut la payer où?

Dans une boutique pour femmes

VENDEUSE	*Je peux vous renseigner,* Madame?	*May I help you?*
CLIENTE	Oui. Un chemisier, s'il vous plaît.	
VENDEUSE	Et quelle est votre taille, Madame? Vous faites du 36?	
CLIENTE	Oui.	
VENDEUSE	Et vous désirez quelle couleur, Madame?	
CLIENTE	Quelque chose de très simple en blanc.	
	(Quelques minutes plus tard)	
	Et quel est le prix de ce chemisier?	
VENDEUSE	Cent cinquante francs, Madame. Vous pouvez payer à la caisse.	

Exercice 4 Answer the questions based on the preceding conversation.

1. Françoise est au rayon chemisiers ou au rayon jupes?
2. Elle parle à qui?
3. Qu'est-ce qu'elle veut acheter?
4. Quelle est sa taille?
5. Elle veut quelle couleur?
6. Le chemisier coûte combien?

Au magasin de chaussures

VENDEUR	*Je peux vous renseigner?*	*May I help you?*
CLIENT	Oui. Je voudrais une paire de chaussures.	
VENDEUR	Quelle pointure voulez-vous?	
CLIENT	Quarante-trois.	
VENDEUR	Celles-ci vous plaisent?	
CLIENT	Oui, je vais les *essayer.*	*try on*
VENDEUR	Elles vous *vont bien?*	*fit*
CLIENT	Oui, elles me vont très bien. Elles sont très confortables. Elles coûtent combien?	
VENDEUR	Quatre cents francs.	

Exercice 5 Choose the correct completions based on the preceding conversation.

1. Le client est _____.
   a. chez le couturier Yves Saint-Laurent
   b. dans une boutique unisexe
   c. dans un magasin de chaussures
2. Il achète _____.
   a. une chemise
   b. des chaussettes
   c. des chaussures
3. Quel est _____ des chaussures?
   a. le vendeur
   b. la pointure
   c. la taille
4. Le prix des chaussures est _____.
   a. 40 francs
   b. 400 francs
   c. 43 francs
5. Monsieur aime les chaussures parce qu'_____.
   a. elles lui vont très bien
   b. elles coûtent 400 francs
   c. il en veut une autre paire

SITUATIONS

Activité 1

You are in a boutique on the chic Rue Saint-Honoré in Paris. The clerk comes up to you.
1. She asks you what she can do for you. Tell her what you want.
2. She asks you your size. Respond.
3. She wants to know what color you want. Tell her.
4. She shows you a _____ and you try it on. She asks if it fits all right. Tell her it does.
5. You want to know the price of the _____. Ask her.
6. You want to know if you can pay with a credit card. Ask her.

Activité 2

You are in a shoe store in Lille. The clerk comes up to you.
1. He asks you what you want. Of course, you want a pair of shoes. Tell him.
2. He wants to know your size. Tell him.
3. He wants to know what color you want. Tell him.
4. He brings you a pair and you try them on. He wants to know if they fit you. Tell him.
5. You want to know the price of the shoes. Ask him.

COUP D'ŒIL SUR LA VIE

Activité 1

Read the following ad, which appeared in a recent edition of *Madame Figaro*.

How does this ad state the following?

1. The store deals in both men's and women's apparel.
2. The store has well-known brands at the best possible prices.
3. The store is open on Sundays.

L'élégance des prix

Couture hommes et femmes.
Les grandes marques à des prix incomparables.

- un chemisier gratuit pour l'achat d'un tailleur,
- un pantalon gratuit pour l'achat d'une veste,
- 2 costumes de marque: 2.900 F.

CLUB des 10

Paris 8ᵉ : 58, Fg Saint-Honoré (1ᵉʳ ét.) Mᵒ Concorde
St-Germain-en-Laye : 60 bis, rue de Paris (1ᵉʳ ét.)
Lyon 2ᵉ : 5, rue des Archers (1ᵉʳ étage)
Ouverts tous les jours de 10 à 18 h. (Dimanche inclus)

David Shiff Paris 8ᵉ : 4, rue Marbeuf (1ᵉʳ ét.) Mᵒ Alma-Marceau
Ouvert du lundi au samedi de 10 à 18 h.

Based on the ad, give the following information.
1. les heures du magasin
2. les jours d'ouverture
3. les jours d'ouverture du magasin qui est dans la rue Marbeuf

In this ad there are several abbreviations. Match the abbreviations in the first column with the words in the second column.

1. M°		a.	premier
2. h.		b.	station de métro
3. F.		c.	étage
4. ét.		d.	heures
5. 1ᵉʳ		e.	francs

This ad indicates that you can get several free items. What are they?

Activité 2

Read the following ad, which appeared in a women's fashion magazine.

This ad contains many different numbers. Match the number in the first column with its meaning in the second column.

1. du 38 au 56		a.	le numéro de téléphone
2. 24		b.	l'adresse
3. 75001		c.	les heures d'ouverture
4. 9 h 30 à 19 h		d.	le code postal
5. 42 60 41 00		e.	les tailles

Men's Clothing (Les vêtements masculins)

ascot   l'ascot (m.)
belt   la ceinture
bermuda shorts   le bermuda
boots   les bottes (f.)
bowtie   le nœud papillon
briefs (bikini underpants)   le slip
cardigan sweater   le cardigan
gloves   les gants
handkerchief   le mouchoir;
   decorative for jacket pocket
    la pochette
hat   le chapeau
jacket   la veste;   *double-breasted*
   jacket   la veste croisée;   *outer jacket*
   le blouson;   *single-breasted jacket*
   la veste droite
jeans   le jean
jogging pants   le caleçon
necktie   la cravate
nightshirt   la chemise de nuit
overcoat   le manteau
pajamas   le pyjama
pants   le pantalon
parka   le parka
pullover sweater   le pull

raincoat   l'imperméable (m.)
sandals   les sandales (f.)
shirt   la chemise
shoes   les chaussures (f.);   *beach shoes*   les
    espadrilles (f.)
shorts   le short
slacks   le pantalon;   *sporty slacks*   le caleçon
sneakers   les tennis (m.)
socks   les chaussettes (f.)
sport coat   la veste
suit   le complet, le costume
suspenders   les bretelles (f.)
sweater, cardigan   le cardigan;   *pullover sweater*
   le pull
T-shirt   le T(ee) shirt
trenchcoat   l'imper trench (m.)
tuxedo   le smoking
umbrella   le parapluie
underpants   le caleçon;   *bikini-type briefs*
   le slip
undershirt   le maillot de corps
underwear   les sous-vêtements (m.)
vest   le gilet
wallet   le portefeuille
windbreaker   le blouson

Women's Clothing (Les vêtements de femme)

bathing suit   le maillot
bermuda shorts   le bermuda
blazer   le blazer
blouse   le chemisier, la blouse
bra   le soutien-gorge
cape   la cape
cardigan sweater   le cardigan
change purse   le porte-monnaie
dress   la robe
evening gown   la robe du soir
fur coat   le manteau de fourrure

gloves   les gants (m.)
handkerchief   le mouchoir
hat   le chapeau
jacket   la veste;   *outer jacket*   le blouson
jeans   le jean
negligee   le peignoir, le déshabillé
overcoat   le manteau
pajamas   le pyjama
panties   la culotte;   *bikini-type briefs*   le slip
pants   le pantalon
pants suit   l'ensemble pantalon (m.)

pantyhose   le collant
pocketbook   le sac à main
pullover sweater le pull
raincoat   l'imperméable *(m.)*, l'imper *(m.)*
scarf   l'écharpe *(f.)*, le foulard
shoes   les chaussures *(f.)*
shorts   le short
skirt   la jupe
slacks   le pantalon
slip, full   la combinaison (-jupon);
     half-slip   le jupon

socks   les chaussettes *(f.)*
stockings   les bas *(m.)*
suit   le tailleur
sweater   le cardigan, le tricot, le pull
tights   le collant
trenchcoat   l'imper trench *(m.)*
umbrella   le parapluie
undergarments   les sous-vêtements *(m.)*
windbreaker   le blouson

Chapitre 23

Chez le médecin

at the doctor

Vocabulaire

Le cabinet du médecin

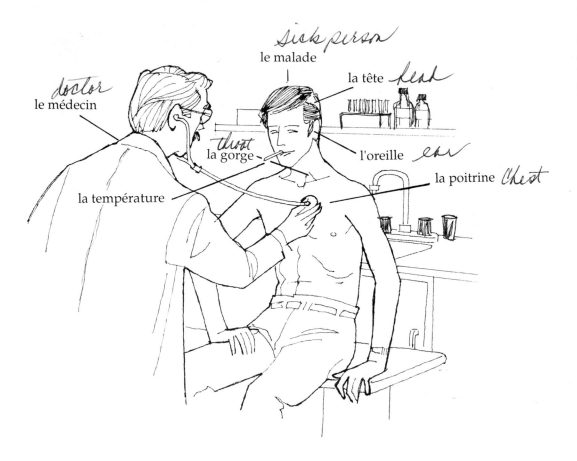

sick person
le malade

doctor
le médecin

la tête *head*

throat
la gorge

l'oreille *ear*

la température

la poitrine *Chest*

Read the following:

la fièvre   la température élevée

donner = to give

l'infirmière *nurse*

sneeze
éternuer

avoir mal à l'estomac

(Read the following:

J'ai un *rhume*.	*cold*
Je suis enrhumé(e).	
J'ai la *grippe*.	*flu*
J'éternue.	*I sneeze.*
Je tousse.	*I cough.*
J'ai mal à l'estomac.	*I have a stomach ache.*
J'ai des *frissons*.	*chills*
J'ai une *angine*.	*sore throat*
J'ai mal à la gorge.	

Exercice 1 Answer the questions based on the illustration.

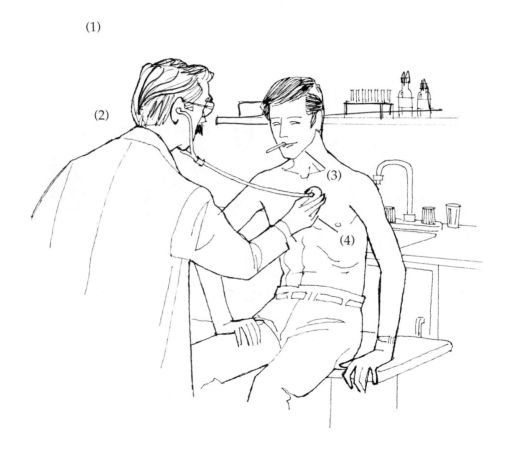

1. C'est le cabinet du médecin ou l'hôpital?
2. C'est le médecin ou le malade?
3. C'est la gorge ou l'oreille?
4. C'est la poitrine ou la gorge?
5. Le malade éternue ou tousse?
6. Il a mal à la gorge ou à l'estomac?

Exercice 2   Answer personally.

1. Quand vous avez un rhume, vous éternuez beaucoup?
2. Vous toussez?
3. Vous avez de la fièvre?
4. Vous avez des frissons?
5. Vous avez mal à la gorge?
6. Vous avez mal à la tête?
7. Vous êtes fatigué(e)?
8. Vous n'avez pas d'appétit?

Exercice 3   Complete the following statements.

1. J'ai mal _____.
2. J'ai mal _____.
3. J'ai mal _____.
4. J'ai mal _____.

Le médecin examine le malade.
Le malade ouvre la *bouche.*   *mouth*
Il respire à fond.
Il respire (inspire).
Il souffle (expire).

Read the following:

Le médecin lui donne une *ordonnance.*   *prescription*

les médicaments   les antibiotiques
les allergies   allergique

Exercice 4   Answer the questions based on the preceding illustration.

1. Qui examine le malade?
2. Qui ouvre la bouche?
3. Qui regarde sa gorge?
4. Qui respire à fond?
5. Qui a une ordonnance?
6. Qui lui donne l'ordonnance?

Communication

Dans le cabinet du médecin

MALADE   Ah, docteur. Je suis très malade.

MEDECIN   Qu'est-ce que vous avez? Expliquez-moi vos symptômes.

MALADE   J'ai mal à la gorge.

MEDECIN   Et vous avez mal à la tête?

MALADE   Oui, j'ai mal partout.

MEDECIN   Ouvrez la bouche, s'il vous plaît. Je veux examiner votre gorge.
          (Il regarde sa gorge.)
          Ah, oui. Vous avez une angine. Je vais vous prendre la
          température.

MALADE   Je sais que j'ai de la fièvre.

MEDECIN   Vous avez des frissons?

MALADE   Oui. Et je tousse.

MEDECIN   Vous êtes allergique à la pénicilline?

MALADE   Non.

MEDECIN   Alors je vais vous donner une ordonnance pour des
          antibiotiques. Ce n'est pas grave. Vous allez vous *sentir*   *feel*
          mieux dans quelques jours.

Exercice 5   Complete the statements based on the preceding conversation.

1. Le malade est dans _____.
2. Il parle au _____.
3. Il a mal _____.
4. Il ouvre _____.
5. Le médecin examine _____.
6. Il prend _____.
7. Le malade n'est pas _____.
8. Le médecin lui donne _____.
9. C'est une ordonnance pour _____.
10. La condition du malade n'est pas _____.

Exercice 6   Pretend you are the patient in the preceding conversation and answer the following questions.

1. Vous êtes enrhumé(e)?
2. Vous toussez?
3. Vous avez mal à la gorge?
4. Vous avez de la fièvre?
5. Vous allez chez le médecin?
6. Le médecin examine votre gorge?
7. Vous avez une angine?
8. Vous êtes allergique à la pénicilline?
9. Qu'est-ce que le médecin vous donne?
10. Décrivez votre condition.

SITUATIONS

Activité 1

You are traveling through France and suddenly you are not feeling very well. You go to the doctor.

1. You are tired and you have a sore throat. You also have the chills, so you think you have a fever. Explain your symptoms to him.
2. The doctor wants to know if you have any allergies to medicines. Tell him.

Activité 2

When a person travels in a foreign country, his or her system often becomes upset. The words for many of the conditions that develop are almost the same in French as in English.
Note the following:

des nausées   la diarrhée   la constipation   l'estomac

You are traveling and you are having some stomach and intestinal problems. You go to the doctor to get some relief. Explain your symptoms to her.

Chapitre 24

Les activités culturelles

Vocabulaire

le cinéma — le théâtre — la salle de spectacles — le musée — le film — la pièce *the play* — le spectacle — l'exposition

Exercice 1 Answer the questions based on the illustration.

1. C'est une salle de spectacles ou un cinéma?
2. C'est un film ou une pièce?
3. C'est une exposition ou un spectacle?
4. C'est un musée ou un théâtre?

Exercice 2 Complete.

1. Tu vas voir un film?
   Oui, je vais au _____.
2. Tu vas voir une pièce?
   Oui, je vais au _____.
3. Tu vas voir une exposition d'art moderne?
   Oui, je vais au _____.
4. Tu vas voir un spectacle?
   Oui, je vais à _____.

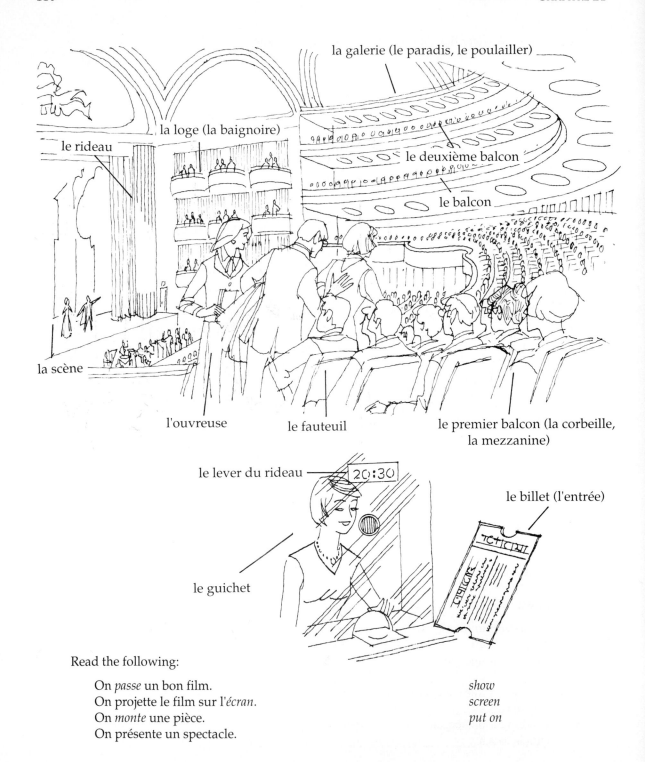

la galerie (le paradis, le poulailler)

la loge (la baignoire)

le rideau

le deuxième balcon

le balcon

la scène

l'ouvreuse

le fauteuil

le premier balcon (la corbeille, la mezzanine)

le lever du rideau — 20:30

le billet (l'entrée)

le guichet

Read the following:

On *passe* un bon film.   *show*
On projette le film sur l'*écran*.   *screen*
On *monte* une pièce.   *put on*
On présente un spectacle.

Exercice 3   Answer the questions based on the illustration.

1. C'est le théâtre ou le cinéma?
2. C'est la scène ou l'écran?
3. Le couple a un fauteuil d'orchestre ou une place au premier balcon?
4. L'ouvreuse travaille au théâtre ou au cinéma?

Exercice 4   Answer the questions based on the cues.

1. Au cinéma, vous préférez une place (vous asseoir) près de l'écran?   *non*
2. Au théâtre, vous préférez une place où?   *au parterre*
3. Vous prenez les billets où?   *au guichet*
4. Si vous allez au théâtre, vous louez (réservez) vos places à l'avance?   *oui*
5. Si vous allez au cinéma, vous louez (retenez) vos places à l'avance?   *non*
6. Le lever du rideau est à huit heures?   *oui*
7. On monte des pièces au théâtre ou au cinéma?   *au théâtre*
8. On passe des films au théâtre ou au cinéma?   *au cinéma*

Exercice 5   Answer the following questions.

1. Au théâtre, vous préférez une place où?
2. Et au cinéma?
3. Vous louez vos places à l'avance si vous allez où?
4. Vous prenez vos places où?
5. Le lever du rideau est à quelle heure?

Communication

Au guichet (de location)

VOUS	Deux places pour la représentation ce soir, s'il vous plaît.	
GUICHETIER	Pour ce soir le théâtre est complet.	
VOUS	Et demain soir?	
GUICHETIER	Pour demain soir il y a des places *disponibles*. Vous en voulez combien?	*available*
VOUS	Deux, s'il vous plaît.	
GUICHETIER	J'ai deux bonnes places au premier *rang* du premier balcon. Ça vous convient?	*row*
VOUS	Oui. Quel est le prix, s'il vous plaît?	
GUICHETIER	Cent cinquante francs chacun. *each*	
VOUS	D'accord. Et le lever du rideau est à quelle heure, s'il vous plaît?	
GUICHETIER	Le spectacle commence à vingt heures trente.	

Exercice 6   Complete the statements based on the preceding conversation.

1. Gilbert est _____.
2. Il veut prendre _____.
3. Malheureusement le théâtre est _____.
4. Pour ce soir il n'y a plus de _____.
5. Mais pour demain soir il y a des _____.
6. Gilbert prend deux places _____.
7. Ses places (sièges) sont dans _____.
8. Chaque billet (entrée) coûte _____.
9. Le lever du rideau est à _____.

Exercice 7   Restate the following.

1. Deux places pour *la représentation* ce soir, s'il vous plaît.
2. Pour ce soir *il n'y a plus de places.*
3. J'ai deux places au premier rang *de la baignoire.* Ça va?
4. *Combien coûtent* les billets?
5. *Chaque billet* coûte cent cinquante francs.
6. *La représentation commence* à quelle heure?

SITUATIONS

Activité 1

You are speaking with Claudette Martin.
1. You would like to know if she wants to go to the movies tonight. Ask her.
2. There is a very good film showing at the Rex. Tell her.
3. She wants to know at what time the film starts. Tell her.

Activité 2

You are at the box office **(bureau de location)** of the **Comédie Française.** You are speaking with the **guichetière.**
1. Ask her for two tickets.
2. The ticket seller wants to know for what show. Tell her you want the tickets for tonight.
3. She informs you that they are sold out for tonight. Ask her if she has seats for tomorrow night.
4. She tells you she does. Tell her you want two tickets.
5. She wants to know where you would like to sit. Tell her.
6. Ask her the price.
7. You want to know at what time the curtain call is. Ask her.

COUP D'ŒIL SUR LA VIE

Activité 1

Read the following advertisement from a Parisian entertainment guide **(Guide des spectacles).**

Give the following information based on the advertisement you just read.

le nom du théâtre
le titre de la pièce
l'auteur de la pièce
le nom d'une actrice (interprète)
deux acteurs (interprètes)
les heures du lever du rideau

What in the advertisement lets you know that the author of this play is quite respected **(un auteur réputé)?**

Chapitre 25

Le sport

Vocabulaire

l'eau
water

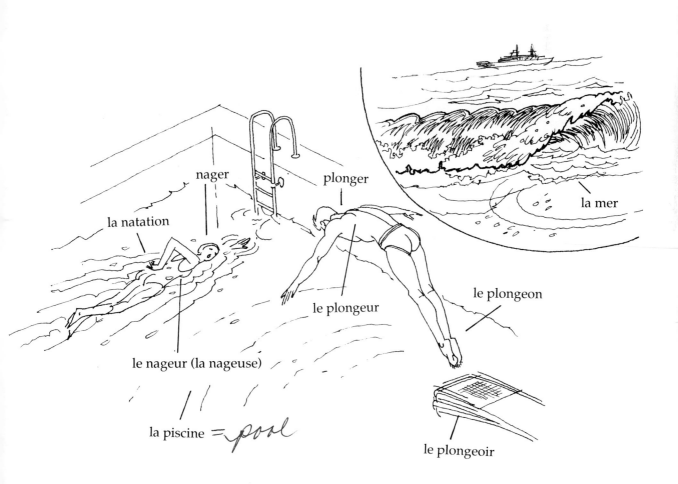

nager

plonger

la natation

la mer

le plongeur

le plongeon

le nageur (la nageuse)

la piscine = *pool*

le plongeoir

Exercice 1   Answer the questions based on the illustration.

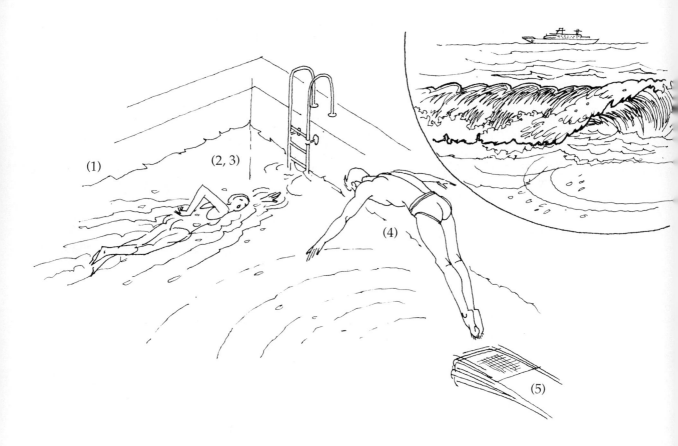

1. C'est la mer ou la piscine?
2. C'est un nageur ou un plongeur?
3. On pratique la natation ou le plongeon?
4. C'est le plongeur ou le plongeoir?
5. C'est la piscine ou le plongeoir?

Exercice 2   Answer personally.

1. Vous pratiquez la natation?
2. Vous nagez bien?
3. Vous pratiquez le plongeon?
4. Vous plongez bien?
5. Vous plongez du plongeoir?
6. Vous plongez dans la piscine?

Communication

CLAUDE	Tu aimes nager?
MARIE	Oui. J'adore la natation.
CLAUDE	Tu nages bien?
MARIE	Assez bien. Je vais tous les jours à une piscine couverte près de chez moi.
CLAUDE	Je peux y aller avec toi?
MARIE	Bien sûr, si tu veux.
CLAUDE	Mais moi, je ne plonge pas.
MARIE	Moi, si. Je peux t'apprendre.

Exercice 3   Answer *yes* or *no* based on the preceding conversation.

1. Tous les deux nagent.
2. Tous les deux savent plonger.
3. Il n'y a pas de plongeoir à la piscine.
4. La piscine est couverte.
5. Les deux copains nagent dans la mer.

Vocabulaire

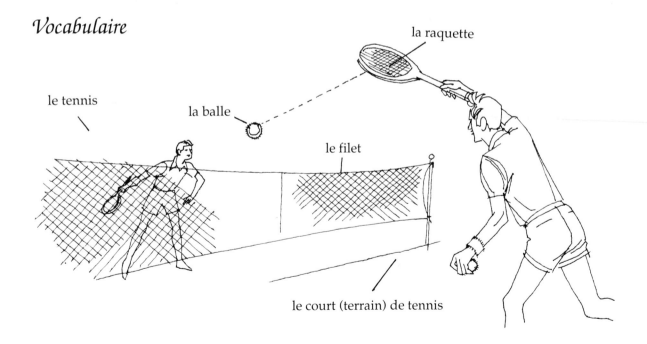

le tennis

la raquette

la balle

le filet

le court (terrain) de tennis

Le joueur de tennis *sert* la balle.	*serves*
Son adversaire *renvoit* la balle.	*returns*

le golf

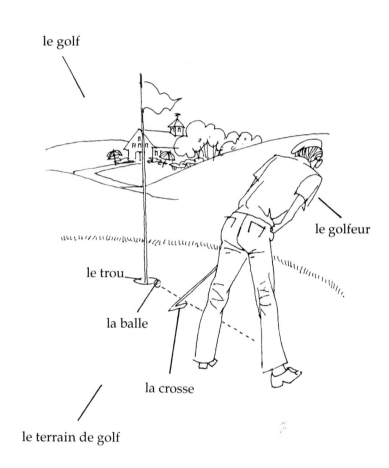

le golfeur

le trou

la balle

la crosse

le terrain de golf

Le joueur de golf envoit la balle.

Exercice 4   Answer the questions based on the illustration.

1. C'est un court de tennis ou un terrain de golf?
2. On fait du tennis ou du golf?
3. C'est une raquette ou une crosse?
4. C'est un filet ou un trou?
5. Qui sert la balle? Le tennisman ou le golfeur?

Exercice 5   Is it golf or tennis?

1. On a besoin des crosses.
2. On a besoin d'une raquette.
3. La balle passe par dessus du filet.
4. On sert la balle.
5. Sa copine renvoit la balle.
6. On envoit la balle vers le trou.
7. Sur le terrain il y a dix-huit trous.
8. Chaque trou est entouré d'un vert.
9. On envoit la balle avec une raquette.
10. On envoit la balle à l'aide de crosses.

Communication

PAUL	Tu aimes jouer au tennis, Hélène?
HELENE	Beaucoup. Et toi, Paul?
PAUL	Oui, mais malheureusement je ne joue pas bien.
HELENE	Tu as une raquette?
PAUL	Oui.
HELENE	Il y a un court tout près de chez moi. Tu veux y aller?
PAUL	Oui, Hélène. Si tu as de la patience.

Exercice 6   Answer the questions based on the preceding conversation.

1. Qui joue bien au tennis?
2. Qui joue un peu?
3. Qui a une raquette?
4. Hélène a une raquette aussi?
5. Paul veut aller au court?
6. Il y va avec qui?
7. Qui doit avoir de la patience?

Vocabulaire

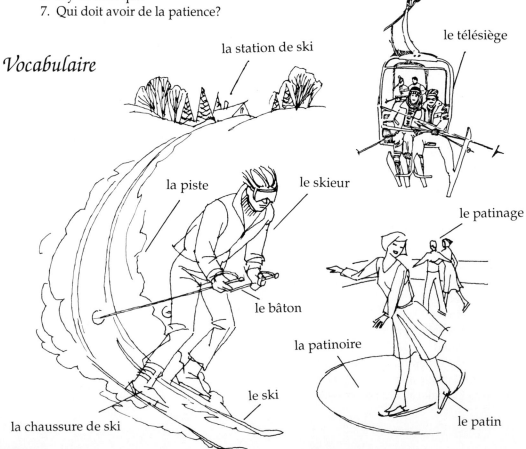

la station de ski

le télésiège

la piste

le skieur

le patinage

le bâton

la patinoire

le ski

la chaussure de ski

le patin

Exercice 7 Answer the questions based on the illustration.

1. C'est une station de ski ou une patinoire?
2. On fait du ski ou on patine?
3. Ce sont les patins ou les bâtons?
4. C'est la piste ou la patinoire?
5. Ce sont des skis ou des patins?
6. Ce sont des patins à roulettes ou des patins à glace?

Exercice 8 Choose the correct completion.

1. Les _____ font du ski.
   a. skieurs   b. plongeurs
2. Ils montent sur _____.
   a. le télésiège   b. la piste
3. Les skieurs descendent _____.
   a. la patinoire   b. la piste
4. Les skieurs ont _____.
   a. des patins   b. des bâtons

Communication

—Tu aimes les sports d'hiver?
—Beaucoup. Je vais souvent à Chamonix.
—Chamonix?
—Oui, c'est une station de ski dans les Alpes.

Exercice 9   Complete the responses based on the preceding conversation.

1. Qu'est-ce que Robert aime?
   Il aime _____.
2. Il va où?
   Il va _____.
3. C'est où Chamonix?
   Chamonix _____.
4. Qu'est-ce que c'est que Chamonix?
   C'est _____.

Vocabulaire

le ballon (la balle)

le football

le but

le terrain de football

les joueurs

le match

Read the following:

Une *équipe* oppose l'autre équipe.	*team*
Le score n'est pas à égalité.	
Le score est de un à zero.	
Le score est de un à zero en faveur de Nantes.	
Une équipe (Nantes) *gagne*.	*wins*
Une équipe (Bordeaux) *perd* le match.	*loses*

Exercice 10 Answer the questions based on the cues.

1. Combien d'équipes jouent le match? *deux*
2. Il y a combien de joueurs dans chaque équipe de football? *onze*
3. Qui oppose Lille? *Nantes*
4. Le score est à égalité? *non*
5. Quel est le score? *2 à 0*
6. En faveur de qui? *Lille*
7. Qui a le ballon? *Lille*
8. Qui va gagner? *Lille sans doute*

SITUATIONS

Activité 1

You are speaking with a French friend and you want to know if she likes **(aimer)** the following sports. Find out.

1. swimming
2. golf
3. tennis
4. skating
5. skiing
6. football

Activité 2

This same friend wants to know if you know how **(savoir)** to do the following things. Tell her.

1. swim
2. play tennis
3. dive
4. ice skate
5. ski

Activité 3

You are speaking with a friend on the telephone in Arles. He is watching a football game on television.

1. You want to know who's playing. Ask him.
2. You want to know who's winning. Find out.
3. You would like to know the score. Ask him.

Chapitre 26

La famille

Vocabulaire

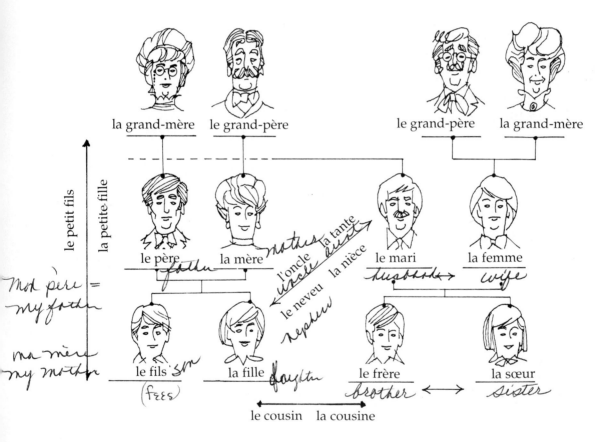

The word **belle** or **beau** is used for an in-law.

la belle-sœur   **le beau-frère**
la belle-mère   **le beau-père**

Exercice 1   Answer personally.

1. Comment vous appelez-vous?
2. Vous avez une petite ou une grande famille?
3. Vous avez combien de sœurs?
4. Vous avez combien de frères?
5. Vous avez beaucoup d'oncles?
6. Vous avez beaucoup de tantes?
7. Vous avez combien de cousins?
8. Vous avez un frère marié ou une sœur mariée?
9. Vous avez un beau-frère ou une belle-sœur?
10. Vous avez combien de neveux?
11. Et vous avez combien de nièces?
12. Vos grands-parents habitent où?
13. Vous habitez avec vos parents?
14. Vous êtes marié(e) ou vous êtes célibataire?
15. Vous avez des fils?
16. Vous avez des filles?

Exercice 2   Complete the following mini-conversations.

1. Vous êtes marié, n'est-ce pas?
   Oui, ma _____ est Virginie.
2. Vous êtes mariée, n'est-ce pas?
   Oui, mon _____ est Eric.
3. Vous êtes marié?
   Non, je suis _____.
4. Vos parents travaillent?
   Oui, ma _____ est professeur et mon _____ est comptable.
5. Votre tante a des enfants?
   Oui, elle en a deux. Ce sont les seuls _____ que j'ai.
6. Le mari de ta tante Catherine?
   Oui, tu parles de mon _____ Charles.
7. La femme de votre frère—elle est charmante.
   Tu as raison. Elle est adorable ma _____.

SITUATIONS

Activité 1

You are speaking with a new acquaintance in France.
1. She wants to know if you have a large family. Tell her.
2. She wants to know how many cousins you have. Tell her.
3. She wants to know if you are married or single. Tell her.

Chapitre 27

Le logement
place of living

Vocabulaire

la ville
city

la banlieue
suburb

la maison individuelle

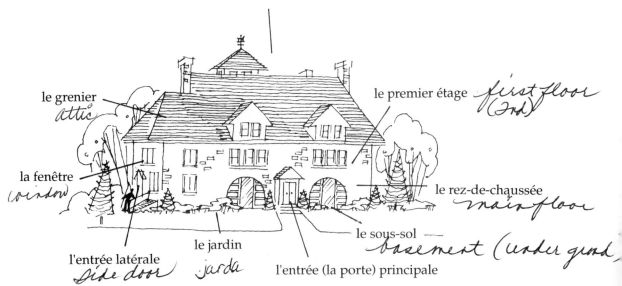

le grenier
attic

le premier étage *first floor (2nd)*

la fenêtre
window

le rez-de-chaussée
main floor

l'entrée latérale
side door

le jardin
jarda

le sous-sol —
basement (under grnd,

l'entrée (la porte) principale

la salle de séjour (le salon)

le foyer
le vestibule

la chambre (à coucher)

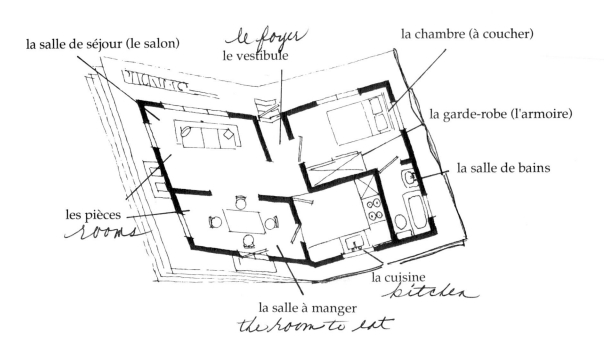

la garde-robe (l'armoire)

la salle de bains

les pièces
rooms

la cuisine
kitchen

la salle à manger
the room to eat

Exercice 1   Answer the questions based on the illustrations.

(1)

(6)

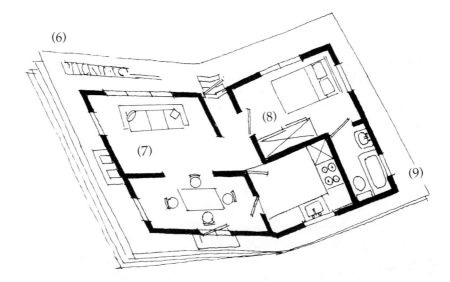

1. C'est une maison individuelle ou une maison duplex (pour deux familles)?
2. C'est le sous-sol ou le grenier?
3. C'est l'entrée principale ou l'entrée latérale (de service)?
4. C'est la porte ou la fenêtre?
5. C'est le rez-de-chaussée ou le premier étage?
6. Cette maison a quatre pièces ou six pièces?
7. C'est la salle de séjour ou la salle à manger?
8. C'est la salle à manger ou la chambre à coucher?
9. C'est l'armoire ou la salle de bains?

Exercice 2   Answer the questions based on the preceding illustrations.

1. Cette maison a combien de pièces?
2. Cette maison a combien d'étages?
3. Il y a combien de pièces au rez-de-chaussée?
4. Il y a combien de pièces au premier étage?

Exercice 3   Answer the following questions about your house.

Ma maison

1. Ta maison est petite ou grande?
2. Ta maison est élégante ou plutôt modeste?
3. Ta maison a un sous-sol?
4. Elle a un grenier?
5. Ta maison a combien de pièces?
6. Ta maison est entourée d'un jardin?
7. Ta maison est entourée de murs *(walls)*?
8. Ta maison a un garage?
9. Le garage est pour combien de voitures?
10. Il y a combien d'armoires dans ta chambre (à coucher)?

Exercice 4   Complete the following statements.

1. On prépare le dîner dans la _____.
2. La famille dîne dans la _____.
3. On regarde la télé dans la _____.
4. On dort dans la _____.
5. Et on prend un bain dans la _____.

Communication

ROBERT   Les Gaudin viennent d'acheter une maison.
ANNE   Vraiment. Où?
ROBERT   A Saint-Germain-en-Laye.
ANNE   Tu as vu la maison?
ROBERT   Oui. Elle est assez grande— trois chambres à coucher, une grande salle de séjour et une cuisine bien équipée.
ANNE   C'est chouette! C'est loin de Paris?
ROBERT   Pas du tout. On peut prendre le *R.E.R.*

Réseau Express Régional   un train qui dessert la banlieue parisienne

Exercice 5   Complete the statements based on the preceding conversation.

1. Les Gaudin viennent d'acheter _____.
2. Leur maison est à _____.
3. La maison n'est pas très petite. Elle est _____.
4. Au premier étage elle a _____.
5. Et au rez-de-chaussée elle a _____.
6. La cuisine est _____.
7. Pour arriver à Saint-Germain-en-Laye on peut prendre _____.

Exercice 6   Answer personally.

1. Vous habitez la ville ou la banlieue?
2. Vous habitez la banlieue de quelle ville?
3. Vous habitez une maison individuelle ou un appartement?
4. Quelle est votre adresse?

Vocabulaire

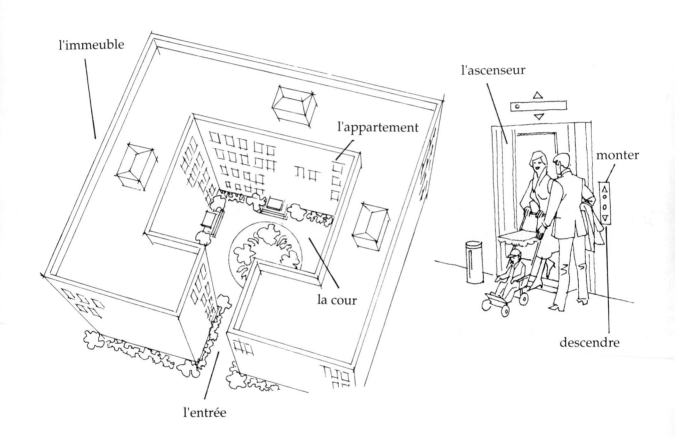

l'immeuble

l'appartement

la cour

l'entrée

l'ascenseur

monter

descendre

Guess the meaning of each of the following words:

le studio	**l'appartement de grand standing**
la kitchenette	**le balcon**
l'appartement modeste	**la terrasse**

Exercice 7   Answer the questions based on the illustration.

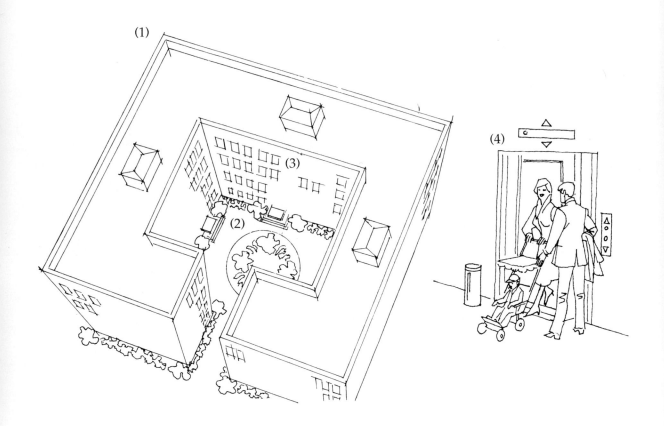

1. C'est un immeuble ou une maison individuelle?
2. C'est le jardin ou la cour?
3. L'appartement est au rez-de-chaussée ou au troisième étage?
4. C'est l'escalier ou l'ascenseur?
   stair

Exercice 8 Complete the following statements.

1. Il y a beaucoup d'appartements dans cet _____.
2. Dans l'immeuble on prend _____ pour monter et descendre d'un étage à l'autre.
3. Un _____ est un appartement d'une seule pièce avec une petite cuisine (kitchenette).
4. Une _____ est une petite cuisine.
5. Un appartement _____ est un appartement luxueux.
6. Du _____ il y a une très belle vue de la ville.

Communication

LOUIS	Anette, tu habites dans une résidence de l'université?	
ANETTE	Non, j'ai un petit studio en ville.	
LOUIS	Tu as *déniché* un studio? C'est super. Qu'est-ce que tu as de la chance.	*trouvé*
ANETTE	N'exagère pas. Il est assez modeste mon studio. Mais tu sais, avec tous les conforts.	
LOUIS	C'est où le studio?	
ANETTE	Dans le *sixième*.	*l'arrondissement près de l'université (Paris)*
LOUIS	Super chouette!	

Exercice 9 Complete the statements based on the preceding conversation.

1. Anette n'habite pas _____.
2. Elle a déniché (trouvé) _____.
3. Son petit studio est _____.
4. Mais il a tous _____.
5. Son studio est (se trouve) _____.

SITUATIONS

Activité 1

You are vacationing in France and are speaking with some new acquaintances.
1. They want to know where you live in the States. Tell them.
2. They want to know if you have a house or an apartment. Tell them.
3. They want to know how many rooms your home has. Tell them.
4. To the best of your ability, describe your American home to them.

COUP D'ŒIL SUR LA VIE

Activité 1

Look at the floor plan of this home.

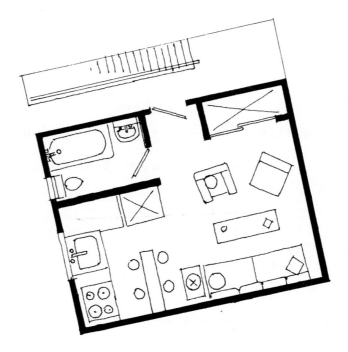

Fill in the floor plan using as many of the following words as possible.

le rez-de-chaussée	**la cuisine**
le premier étage	**la chambre**
la salle de bains	**la salle de séjour**
l'armoire	**le vestibule**

Chapitre 28

L'enseignement

Vocabulaire

l'école *grade school*

l'institutrice
(la maîtresse)

le professeur

l'université

Read the following:

Le maître (l'instituteur) enseigne.
Les élèves apprennent. *The students learn*

Les élèves vont à une école primaire ou secondaire.
Les étudiants vont à l'université.

Les matières, les cours

Guess the meaning of the following:

les sciences sociales les maths
l'histoire l'algèbre
la géographie la géométrie
la sociologie la trigonométrie
les sciences naturelles le calcul
la biologie les langues étrangères
la chimie la musique
la physique l'art

les sciences domestiques
la gymnastique
les notes A, B, C, D, F

Exercice 1   Answer the questions based on the illustration.

1. C'est une école ou une université?
2. C'est un instituteur ou un professeur?
3. Ce sont des élèves ou des étudiants?

Exercice 2 Answer the following questions.

1. Qui enseigne à l'école primaire?
2. Qui enseigne à l'école secondaire?
3. Qui enseigne à l'université?
4. Qui va à l'école primaire?
5. Qui va à l'école secondaire?
6. Qui va à l'université?

Exercice 3 Answer the following questions. Use **je suis** in your answers.

1. Vous suivez un cours de maths?
2. Vous suivez quel cours de maths?
3. Vous suivez un cours de sciences?
4. Vous suivez quel cours de sciences?
5. Vous suivez un cours de langue?
6. Vous étudiez quelle langue?

Exercice 4 Answer personally.

1. Ce semestre vous suivez combien de cours?
2. Vous arrivez à l'école à quelle heure?
3. Vous quittez l'école à quelle heure?
4. Qui est votre prof favori?
5. Quel est votre cours favori?
6. Vous recevez de bonnes ou de mauvaises notes?
7. Vous recevez de bonnes notes dans quelle matière?
8. Vous recevez de mauvaises notes en quelle classe?
9. Votre cours de français est à quelle heure?
10. Qui est votre prof de français?

Exercice 5 Answer with **Oui, je fais…**.

1. Vous faites des maths?
2. Vous faites du français?
3. Vous faites de l'histoire?

Communication

FRANÇOISE	Vous allez à l'université (l'école)?
JEAN	Oui, je vais à *(your school)*.
FRANÇOISE	Vous êtes en quelle année (classe)?
JEAN	Je suis en (première, deuxième, troisième, quatrième).
FRANÇOISE	Vous suivez combien de cours ce semestre (trimestre)?
JEAN	Je suis *(number)* cours.
FRANÇOISE	Et quel est votre cours favori?
JEAN	*(Name it.)*

Exercice 6   Answer personally.

1. Vous allez à quelle école ou à quelle université?
2. Vous êtes en quelle année (classe)?
3. Vous avez combien de cours cette année?
4. Quels cours préférez-vous?
5. Vous suivez un cours que vous n'aimez pas?
6. Lequel?
7. Vous faites du français?

SITUATIONS

Activité 1

You are speaking with François Martin from Nantes.
1. He wants to know if you are a student. Tell him.
2. He asks you where you go to school. Answer him.
3. He wants to know if you are studying French. Tell him.
4. He wants to know how many courses a student takes each semester in the United States. Tell him.
5. He asks what courses you are taking this year. Tell him.
6. Ask him where he goes to school.
7. Ask him how many courses he is taking.

Chapitre 29

Le travail
work

Vocabulaire

la ferme

les champs *fields*

le magasin *store*

l'école

l'usine *factory*

le bureau *office*

la boutique

l'atelier

l'hôpital

la mairie *city hall*

Read the following:

Le professeur travaille à l'école.
Le secrétaire travaille au bureau.
L'ouvrier travaille dans l'usine. *worker* *factory*
L'employé travaille au magasin.
Le commerçant travaille dans la boutique.
L'artisan travaille dans l'atelier.
L'agriculteur travaille dans les champs.
Le fonctionnaire travaille à la mairie. *government employee*
Le médecin travaille à l'hôpital.
L'infirmier travaille à l'hôpital aussi. *nurse*

Exercice 1   Answer the questions based on the illustration.

(1)

1. C'est une école ou un bureau?
2. C'est un magasin ou une usine?
3. C'est une ferme ou un bureau?
4. C'est une boutique ou un bureau?
5. C'est une usine ou un atelier?
6. C'est une école ou un hôpital?
7. C'est une usine ou une mairie?

Exercice 2   Answer.

1. Qui travaille à l'école? Les professeurs ou les agriculteurs?
2. Qui travaille dans un atelier? Les commerçants ou les artisans?
3. Qui travaille dans une boutique? Les commerçants ou les artisans?
4. Qui travaille à l'hôpital? Les fonctionnaires ou les infirmiers?
5. Qui travaille pour l'Etat (le gouvernement)? Les artisans ou les fonctionnaires?

Exercice 3 Choose who it is.

1. Il est à son compte. Il fait des céramiques.
   a. le professeur   b. l'artisan   c. l'ouvrier
2. Il fabrique des autos à l'usine Renault.
   a. l'ouvrier   b. le médecin   c. le chauffeur
3. Il enseigne dans une école supérieure.
   a. le fonctionnaire   b. le secrétaire   c. le professeur
4. Il cultive des céréales.
   a. l'employé   b. l'agriculteur   c. l'artisan
5. Il travaille dans un bureau de l'Etat.
   a. le professeur   b. l'ouvrier   c. le fonctionnaire

Read the following:

la population active   les gens qui travaillent, qui exercent une activité professionnelle
les chômeurs   les gens qui n'ont pas de travail et qui en cherche
                   Ils sont en chômage.
les retraités   les gens du troisième âge qui ne travaillent plus
                   Ils sont à la retraite.
les étudiants   les gens qui suivent des cours d'une université ou d'une école supérieure
                   spécialisée
                   Ils font leur formation professionnelle.

Exercice 4 Complete the following statements.

1. Le médecin exerce une _____ professionnelle.
2. Il fait partie de la population _____.
3. Il a du travail. Il n'est pas en _____.
4. Ce sont les pauvres _____ qui n'ont pas de travail et qui en cherchent.
5. La plupart des _____ ont plus de soixante ans.
6. Les retraités sont les gens du _____ âge.
7. Et les _____ sont les gens qui se préparent pour une profession.

Communication

—Vous êtes étudiant(e)?
—Oui, je suis étudiant(e).
—Qu'est-ce que vous étudiez?
—Je me spécialise en *informatique*.

*computer science, data
processing*

Exercice 5   Recreate the preceding conversation, substituting the following fields for **informatique.** You should be able to guess the meaning of these words.

1. architecture
2. sciences naturelles
3. maths
4. politique (sciences-po)
5. médecine
6. pédagogie

7. finances et comptabilité
8. commerce
9. marketing
10. publicité
11. administration commerciale

Exercice 6   Tell if the following fields interest you or not.

> MODELE   _____ m'intéresse.
> _____ ne m'intéresse pas.

1. la médecine
2. la pédagogie ou l'enseignement
3. l'administration
4. le commerce
5. la publicité
6. l'informatique
7. l'agriculture
8. l'industrie aérospatiale
9. la technologie
10. le tourisme
11. les finances
12. la comptabilité
13. la criminologie
14. l'artisanat

Exercice 7   Tell if you would or would not like to be the following.

> MODELE   Oui, je voudrais être _____.
> Non, je ne voudrais pas être _____.

1. médecin
2. professeur
3. infirmier (infirmière)
4. ingénieur
5. directeur (directrice) d'une grande compagnie (entreprise)
6. agriculteur
7. assistant(e) social(e)
8. comptable

9. informaticien(ne)
10. pharmacien(ne)
11. fonctionnaire d'une agence d'Etat
12. agent(e) de voyage
13. agent(e) de publicité
14. acteur (actrice)
15. pilote
16. hôtesse de l'air, steward

SITUATIONS

Activité 1

You are speaking with a new French acquaintance in Bordeaux.
1. She would like to know if you are a student in the United States. Tell her.
2. She wants to know what you are majoring in. Tell her.
3. She asks what you would like to be. Tell her.
4. She wants to know what other fields interest you. Tell her.
5. Now ask her the same information.

Chapitre 30

Le temps

Vocabulaire

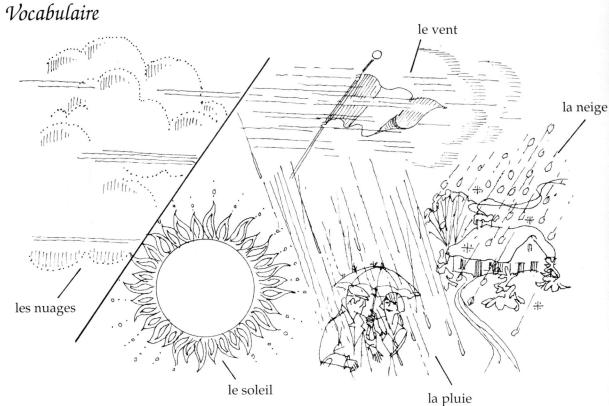

le vent

la neige

les nuages

le soleil

la pluie

Read the following:

Quel temps fait-il?
Il y a des nuages. *it is cloudy*
Il fait du vent.
Il pleut.
Il neige.
Il fait du soleil. *its sunny*
Il fait chaud *its warm*
Il fait frais. *its cool*
Il fait froid.

Exercice 1   Answer the questions based on the illustrations.

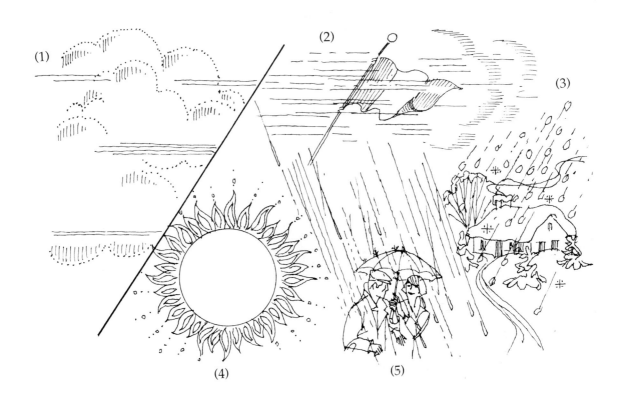

1. Il y a des nuages ou du soleil?
2. Il fait du vent ou de la pluie?
3. Il pleut ou il neige?
4. Il fait du soleil ou il est nuageux?
5. Il y a de la pluie ou de la neige?

Exercice 2   Answer the following questions.

1. Il fait froid ou chaud en hiver?
2. Il fait froid ou chaud en été?
3. Il neige en été ou en hiver?
4. Il y a du soleil ou des nuages quand il pleut?
5. Il pleut ou il neige assez souvent au printemps?
6. Il fait frais en été ou en automne?

Exercice 3   Tell if it is hot, cold, or cool.

1. 31° C
2. 0° C
3. 14° C

SITUATIONS

Activité 1

You are on the phone speaking with a French friend who just called from Annecy. She asks you what your weather is like today. Tell her.

Appendix

Following is a listing, arranged alphabetically by topic, for all vocabulary presented in the Communicative Topic chapters of this book.

Le téléphone (Chapitre 11)

area code   l'indicatif régional *(m.)*
(to) call on the telephone   appeler par téléphone
(to) hang up   quitter
(to) make a telephone call   donner un coup de téléphone (fil), faire un appel téléphonique
private telephone   le téléphone privé
public telephone   le téléphone public
telephone   le téléphone
telephone (apparatus)   le poste
(to) telephone   téléphoner
telephone book (directory)   l'annuaire du téléphone *(m.)*
telephone booth   la cabine téléphonique
telephone call   l'appel téléphonique *(m.)*, le coup de fil
telephone number   le numéro de téléphone
Who's calling?   De la part de qui?

Le bureau de poste (Chapitre 12)

aerogramme   l'aérogramme *(m.)*
letter   la lettre
mailbox   la boîte aux lettres
post office   le bureau de poste, la poste
postage   l'affranchissement *(m.)*
postcard   la carte postale
(to) put stamps on   affranchir
(to) send   envoyer
stamp   le timbre
stamp machine   le distributeur automatique
window   le guichet

La banque (Chapitre 13)

bank   la banque
bill   le billet, la coupure
cash   l'argent liquide *(m.)*, en espèces, en liquide
cashier's office   la caisse
change   le change; *(exchange)* la monnaie *(smaller denominations)*

(to) change   changer
   check   le chèque
   coin   la pièce
(to) endorse   endosser
   exchange bureau   le bureau de change
   exchange rate   le cours du change
(to) sign   signer
   traveler's check   le chèque de voyage

Les directions (Chapitre 14)

behind   derrière
east   l'est *(m.)*
in front of   devant
left   la gauche
next to   à côté de
north   le nord
on the left   à gauche
on the right   à droite
opposite   en face de
right   la droite
south   le sud
straight ahead   tout droit
west   l'ouest *(m.)*

L'aéroport (Chapitre 15)

agent   l'agent
airline   la ligne aérienne
aisle (on the)   côté couloir
(to) board   embarquer
   boarding pass   la carte d'embarquement (d'accès)
(to) check luggage   enregistrer
   counter   le comptoir
   delay   le retard
   departure   le départ
   departure screen   l'écran *(m.)*
   destination   la destination
   flight   le vol
   gate   la porte
   luggage   les bagages *(m.)*
   (no) smoking   (non) fumeurs
   passport   le passeport
   row   le rang

seat   la place, le siège
suitcase   la valise
ticket   le billet
visa   le visa
window (by the)   côté fenêtre

Le train (Chapitre 16)

All aboard!   En voiture!
arrival   l'arrivée *(f.)*
(to) board   monter
(to) change (trains)   prendre la correspondance, changer
(to) check   vérifier, dépositer *(leave temporarily)*; faire enregistrer *(check through)*
checkroom   la consigne
coin locker   la consigne automatique
(to) collect   vérifier
conductor   le contrôleur
departure   le départ
first class   première classe
luggage   les bagages
one-way   un aller simple
platform   le quai
porter   le porteur
round-trip   un aller-retour
schedule   le tableau horaire
second class   deuxième classe
suitcase   la valise
ticket   le billet
ticket window   le guichet
timetable   le tableau horaire
track   le quai
train   le train
train station   la gare
waiting room   la salle d'attente

L'agence de location (Chapitre 17)

by the day   à la journée
by the month   au mois
by the week   à la semaine, par semaine
car   la voiture
contract   le contract
credit card   la carte de crédit
door   la porte

driver's license   le permis de conduire
gas   l'essence *(f.)*
insurance   l'assurance *(f.)*
map   la carte routière
mileage   le kilomètrage
model   le modèle
price   le tarif, le prix
(to) rent   louer
rental   la location
(to) sign   signer

La station-service (Chapitre 18)

air pump   la borne de gonflage
battery   la batterie
car   la voiture
(to) check   vérifier
(to) check the oil and water   vérifier les niveaux
driver   le conducteur
(to) fill up   faire le plein
gas   l'essence *(f.)*
gas island   l'îlot de ravitaillement *(m.)*
gas pump   la pompe
gas station   la station-service
gas station attendant   le pompiste
gas tank   le réservoir
high test   super
hood   le capot
liter   le litre
motor   le moteur
oil   l'huile *(f.)*
pressure   la pression
radiator   le radiateur
regular   ordinaire
super   super
tire   le pneu
trunk   le coffre
unleaded   sans plomb

L'hôtel (Chapitre 19)

bathroom   la salle de bains
bed   le lit
boarding house   la pension

breakfast   le petit déjeuner
cashier   le caissier
cashier's office   la caisse
credit card   la carte de crédit
desk clerk   le (la) réceptionniste
double bed   le grand lit
double room   la chambre à deux lits, la chambre pour deux personnes
elevator   l'ascenseur *(m.)*
extra bed   le lit supplémentaire
(to) fill out   remplir
floor   l'étage *(m.)*
hotel   l'hôtel *(m.)*
key   la clé
price   le prix
registration card   la fiche
registration desk   la réception
room   la chambre
single room   la chambre à un lit, la chambre pour une personne
suitcase   la valise
twin beds   les lits jumeaux *(m.)*

Les courses (Chapitre 20)

bread   le pain
bread store   la boulangerie
butcher shop   la boucherie
cake   le gâteau
cash register   la caisse
cheese   le fromage
cheese store   la fromagerie
chicken   le poulet
corner grocery   l'épicerie du coin
cream   la crème
dairy store   la crémerie
duck   le canard
fish   le poisson
fish store   la poissonnerie
fowl store   la volaillerie
fruit   le fruit
fruit vendor   le marchand de fruits
gram   le gramme
half   demi
How much?   C'est combien? Ça fait combien?
hypermarket   l'hypermarché *(m.)*

kilo   le kilo
market   le marché
meat   la viande
milk   le lait
open-air market   le marché en plein air
pastries   les pâtisseries
pastry store   la pâtisserie
pork shop   la charcuterie
pound   la livre
section   le rayon
shellfish   les fruits de mer *(m.)*
shopping cart   le caddy, le chariot
small supermarket   l'épicerie *(f.)*
supermarket   le supermarché (une grande surface)
vegetable   le légume
vegetable store   le marchand de primeurs (de légumes)

Le restaurant (Chapitre 21)

bill   l'addition *(f.)*, la note
cheese   le fromage
(to) choose   choisir
credit card   la carte de crédit
daily special   le plat du jour
dessert   le dessert
drink   la boisson
first course   l'entrée *(f.)*
fish   le poisson
fixed price   le prix fixe
fowl   la volaille
fruit   le fruit
game   le gibier
hors d'oeuvre   les hors-d'œuvre *(m.)*
meat   la viande
menu   le menu
(to) pay   payer
(to) recommend   proposer
reservation   la réservation
(to) reserve   réserver
restaurant   le restaurant
service   le service
shellfish   les crustacés *(m.)*, les coquillages *(m.)*, les fruits de mer *(m.)*
soup   le potage
specialty of the house   le menu touristique, la spécialité de la maison

table   la table
tip   le pourboire
vegetable   le légume
waiter   le garçon, le serveur
wine list   la carte des vins

Les vêtements (Chapitre 22)

boutique   la boutique
cash register   la caisse
clothing   les vêtements
color   la couleur
(to) cost   couter
counter   le comptoir
department store   le grand magasin
display window   la vitrine
(to) fit   aller bien
man   le monsieur, l'homme *(m.)*
neck (shirt)   l'encôlure *(f.)*
(to) pay   payer
price   le prix
ready-to-wear department   le rayon confection
salesclerk   le vendeur, la vendeuse
shoes   les chaussures *(f.)*
size   la taille, la pointure
(to) try on   essayer
unisex   unisexe
woman   la madame, la dame

Chez le médecin (Chapitre 23)

allergic   allergique
allergy   l'allergie *(f.)*
antibiotic   l'antibiotique *(m.)*
(to) be nauseous   avoir des nausées
(to) breathe   respirer
chest   la poitrine
chills   les frissons *(m.)*
constipation   la constipation
(to) cough   tousser
diarrhea   la diarrhée
doctor   le médecin, le docteur
ear   l'oreille *(f.)*
(to) examine   examiner

(to) exhale   souffler, expirer
(to) feel   sentir
   fever   la fièvre
   flu   la grippe
(to) have a cold   avoir un rhume, être enrhumé(e)
   head   la tête
   headache   mal à la tête, le mal de tête
   hospital   l'hôpital *(m.)*
(to) inhale   inspirer, respirer
   medicine   les médicaments
   mouth   la bouche
   office   le cabinet
   patient   le malade
   prescription   l'ordonnance *(f.)*
   serious   grave
(to) sneeze   éternuer
   sore throat   mal à la gorge, l'angine *(f.)*
   stomach   l'estomac *(m.)*
   symptoms   les symptômes *(m.)*
(to) take a deep breath   respirer à fond
   temperature   la température
   throat   la gorge
   tired   fatigué

Les activités culturelles (Chapitre 24)

   actor   l'acteur *(m.)*, l'interprète *(m.)*
   actress   l'actrice *(f.)*, l'interprète *(f.)*
   art   l'art *(m.)*
   available   disponible
   balcony   le balcon
   box   la loge, la baignoire
   box office   le guichet, le bureau de location
   curtain   le rideau
   curtain call   le lever du rideau
   exhibition   l'exposition *(f.)*
   film   le film
   full   complet
   mezzanine   le premier balcon, la corbeille
   movie theater   le cinéma
   museum   le musée
   nightclub   la salle de spectacles
   orchestra seat   le fauteuil d'orchestre

  performance la représentation
  play la pièce
  price le prix
(to) put on monter
(to) reserve louer, réserver
  row le rang
  scene la scène
  screen l'écran *(m.)*
  seat la place
  show le spectacle
(to) show passer, présenter
  theater le théâtre
  ticket le billet, l'entrée *(f.)*
  ticket seller le guichetier, la guichetière
  ticket window le guichet
  upper balcony la galerie, le paradis, le poulailler

Le sport (Chapitre 25)

  ball la balle, le ballon
  chairlift le télésiège
(to) dive plonger
  diver le plongeur
  diving le plongeon
  diving board le plongeoir
  golf le golf
  golf club la crosse
  golf course le terrain de golf
  golfer le golfeur
  hole le trou
  ice skate le patin à glace
  ice skating le patinage
  ice skating rink la patinoire
  lifeguard le maître-nageur
(to) lose perdre
  opponent l'adversaire *(m. or f.)*
(to) play jouer
  player le joueur
  pool la piscine
  racket la raquette
(to) return renvoyer
  roller skate le patin à roulettes
  score le score
  sea la mer

(to) serve   servir
   skate   le patin
   ski boot   la chaussure de ski
   ski pole   le bâton
   ski resort   la station de ski
   ski slope   la piste
   skier   le skieur
   skiing   le ski
   soccer   le football
(to) swim   nager
   swimmer   le nageur
   swimming   la natation
   team   l'équipe *(f.)*
   tennis   le tennis
   tennis court   le court (terrain) de tennis
(to) win   gagner

La famille (Chapitre 26)

   aunt   la tante
   brother   le frère
   brother-in-law   le beau-frère
   cousin   le cousin, la cousine
   daughter   la fille
   family   la famille
   father   le père
   father-in-law   le beau-père
   granddaughter   la petite fille
   grandfather   le grand-père
   grandmother   la grand-mère
   grandson   le petit fils
   husband   le mari
   married   marié(e)
   mother   la mère
   mother-in-law   la belle-mère
   nephew   le neveu
   niece   la nièce
   single   célibataire
   sister   la sœur
   sister-in-law   la belle-sœur
   son   le fils
   uncle   l'oncle *(m.)*
   wife   la femme

Le logement (Chapitre 27)

apartment   l'appartement *(m.)*
apartment building   l'immeuble *(m.)*
attic   le grenier
balcony   le balcon
bathroom   la salle de bains
basement   le sous-sol
bedroom   la chambre (à coucher)
city   la ville
closet   la garde-robe, l'armoire *(f.)*
courtyard   la cour
dining room   la salle à manger
door   la porte, l'entrée *(f.)*
elevator   l'ascenseur *(m.)*
first floor   le premier étage
floor   l'étage *(m.)*
front door   l'entrée (la porte) principale *(f.)*
garage   le garage
garden   le jardin
(to) go up   monter
(to) go down   descendre
ground floor   le rez-de-chaussée
hall   le vestibule
house   la maison
kitchen   la cuisine
(to) live   habiter
living room   le salon, la salle de séjour
luxury apartment   l'appartement de grand standing *(m.)*
private house   la maison individuelle
room   la pièce
side door   l'entrée latérale *(f.)*
stairs   l'escalier *(m.)*
suburb   la banlieue
terrace   la terrasse
wall   le mur
window   la fenêtre

L'enseignement (Chapitre 28)

algebra   l'algèbre *(f.)*
art   l'art *(m.)*
biology   la biologie
calculus   le calcul

chemistry   la chimie
class   la classe
course   le cours
domestic sciences   les sciences domestiques *(f.)*
elementary school   l'école primaire *(f.)*
foreign languages   les langues étrangères *(f.)*
geography   la géographie
geometry   la géométrie
grade   la note
gymnastics   la gymnastique
history   l'histoire *(f.)*
(to) *learn*   apprendre
math   les maths *(f.)*
music   la musique
natural sciences   les sciences naturelles *(f.)*
physics   la physique
primary school   l'école primaire *(f.)*
professor   le professeur
school   l'école *(f.)*
secondary school   l'école secondaire *(f.)*
semester   le semestre
social sciences (studies)   les sciences sociales *(f.)*
sociology   la sociologie
student   l'élève *(m. or f.,),* l'étudiant(e)
subject   la matière
(to) *take (a course)*   suivre
(to) *teach*   enseigner
teacher   l'instituteur *(m.),* l'institutrice *(f.),* le maître, la maîtresse
trigonometry   la trigonométrie
university   l'université *(f.)*

Le travail (Chapitre 29)

active employee   la population active
artisan's studio   l'atelier *(m.)*
boutique   la boutique
businessperson   le commerçant
doctor   le médecin
employee   l'employé(e)
factory   l'usine *(f.)*
farm   la ferme
farmer   l'agriculteur *(m.)*
fields   les champs *(m.)*
government official   le fonctionnaire

hospital l'hôpital *(m.)*
nurse l'infirmier *(m.)*
office le bureau
retired people les retraités
school l'école *(f.)*
secretary le secrétaire
store le magasin
student l'étudiant(e)
teacher le professeur
town hall la mairie
unemployed person le chômeur
(to) work travailler
worker l'ouvrier

Le temps (Chapitre 30)

autumn l'automne *(m.)*
(to) be (cold, hot, etc.) faire
cloud la nuage
cloudy nuageux
cold froid
cool frais
fall l'automne *(m.)*
(to) rain pleuvoir
rain la pluie
snow la neige
(to) snow neiger
spring le printemps
summer l'été *(m.)*
sun le soleil
warm chaud
What's the weather like? Quel temps fait-il?
wind le vent
winter l'hiver *(m.)*

Index

In the following Index, the numbers in bold indicate the page number in the Appendix of the vocabulary list for each communicative topic in the book.